大川隆法
Ryuho Okawa

「中日新聞」偏向報道の霊的原因を探る

小出宣昭社長のスピリチュアル診断

まえがき

私は名古屋や中部地方がそれほど嫌いではない。

若い時分に会社勤めしていた頃、まだ二十代の若僧《わかぞう》にしか過ぎない私を、たくさんの人たちが応援してくれ、尊敬してくれ、愛してくれた。東京人には、私に対して激しい嫉妬心や競争心をむき出しにしてくる人も時々いたが、名古屋ではずいぶん心が安らいだ。名古屋に本店を置く某銀行の常務取締役・営業本部長が、私一人に関心を持って、わざわざ会社に会いに来てくれるということもあった。

当時は幸福の科学立宗前夜で、個人的には、苦しい降魔成道《ごうまじょうどう》の試練《しれん》の日々だった。東大法学部卒、ニューヨーク帰りのエリートということで、縁談も三十件は持ち込まれたが、退社独立し、宗教家として空手《くうしゅ》にして立つ志《こころざし》を胸に秘めていたため、固辞《こじ》し続けた。最初の『日蓮の霊言』から数冊の本が出たのも名古屋時代だった。

「中日新聞」に偏向報道はやめて頂きたい。「幸福実現党は話題性のある政党でしょう?」「そうだがや。」と小出《こいで》社長に是非言ってもらいたい。

二〇一三年　七月十六日

幸福《こうふく》の科学《かがく》グループ創始者兼総裁《そうししゃけんそうさい》　大川隆法《おおかわりゅうほう》

「中日新聞」偏向報道の霊的原因を探る　目次

「中日新聞」偏向《へんこう》報道の霊的《れいてき》原因を探《さぐ》る
――小出宣昭《こいでのぶあき》社長のスピリチュアル診断《しんだん》――

二〇一三年七月十五日　小出宣昭守護霊《しゅごれい》の霊示《れいじ》
東京都・幸福の科学　教祖殿《きょうそでん》　大悟館《たいごかん》にて

3　「中国」と中日新聞の関係　63

「霊言現象《れいげんげんしょう》」とは、あの世の霊存在の言葉を語り下ろす現象のことをいう。これは高度な悟《さと》りを開いた者に特有のものであり、「霊媒現象《れいばいげんしょう》」(トランス状態になって意識を失い、霊が一方的にしゃべる現象)とは異なる。外国人霊の霊言の場合には、霊言現象を行う者の言語中枢《ちゅうすう》から、必要な言葉を選び出し、日本語で語ることも可能である。

また、人間の魂《たましい》は原則として六人のグループからなり、あの世に残っている「魂の兄弟」の一人が守護霊《しゅごれい》を務めている。つまり、守護霊は、実は自分自身の魂の一部である。したがって、「守護霊の霊言」とは、いわば本人の潜在《せんざい》意識にアクセスしたものであり、その内容は、その人が潜在意識で考えていること(本心)と考えてよい。

なお、「霊言」は、あくまでも霊人の意見であり、幸福の科学グループとしての見解と矛盾《むじゅん》する内容を含《ふく》む場合がある点、付記しておきたい。

「中日新聞」偏向《へんこう》報道の霊的《れいてき》原因を探《さぐ》る

――小出宣昭《こいでのぶあき》社長のスピリチュアル診断《しんだん》――

二〇一三年七月十五日　小出宣昭守護霊の霊示《れいじ》
東京都・幸福の科学　教祖殿《きょうそでん》　大悟館《たいごかん》にて

小出宣昭《こいでのぶあき》（一九四四〜）

中日新聞社代表取締役《とりしまりやく》社長。愛知県名古屋市生まれ。早稲田《わせだ》大学第一政治経済学部卒業。一九六七年に中部日本新聞社（現・中日新聞社）入社。名古屋本社編集局社会部長、岐阜《ぎふ》総局長、名古屋本社編集局長、専務兼《けん》東京本社代表などを歴任。著書『あいちの政治史』など。

質問者　※質問順

小林早賢《こばやしそうけん》（幸福の科学広報・危機管理担当副理事長）

綾織次郎《あやおりじろう》（幸福の科学上級理事 兼「ザ・リバティ」編集長）

［役職は収録時点のもの］

1　なぜ中日新聞は「幸福実現党」を報道しないのか

中日新聞に感じられる偏向《へんこう》報道の〝異常性〟

大川隆法　昨日の名古屋での巡錫説法《じゅんしゃくせっぽう》で（七月十四日、名古屋記念館にて「平和と繁《はん》栄《えい》の条件」及《およ》び「質疑応答」を説法）、愛知の幸福実現党の候補者から質問がありました。

前々から言っていることではあるのですけれども、「中日新聞の偏向《へんこう》報道が激しく、『ほかの候補者と同じように扱《あつか》ってくれ』という運動をしているが、全然聞いてもらえない」というような意見を聞いたのです。

そのときは、「まあまあ」と思って聞いていたのですが、政党の幹部や当会の広報局などに、「中日新聞に行って抗議《こうぎ》すればよいのではないか」と伝えたところ、すでに行《い》ってはいたようです。しかし、「なかなか頑固《がんこ》で変わらない」とのことでした。

少しだけ、異常性を感じてはおります。

NHKや読売新聞、産経新聞などが、幸福実現党の候補者をだいぶ出してくれつつある現在の流れのなかで、これは、そうとう頑固です。「三河《みかわ》の伝統」なのかどうかはよく分かりませんが、一回、ここを調べてみたいと思います。

毎日新聞以上の発行部数を誇《ほこ》る意外な影響力《えいきょうりょく》

大川隆法　ともすれば、われわれは、中日新聞というと、「地方紙だ」と思いがちなのですが、日本の新聞には、全国紙と地方紙以外に、ブロック紙というものがあります。中日新聞は、そのブロック紙に当たり、愛知県を中心に出てはいますが、岐阜《ぎふ》・三重《みえ》・滋賀《しが》・静岡《しずおか》・長野と広がっています。

また、実は、東京新聞なども中日新聞が発行しており、こうしたことを、東京都民のほとんどが知らない可能性は高いと思います。したがって、「中日新聞は、東京・神奈川《かながわ》・埼玉《さいたま》・千葉・栃木《とちぎ》・群馬・茨城《いばらき》にも出している」ということになります。

さらに、北陸でも発行していますよね。

小林　実は、北陸でも、同じ紙面で、あと二社出しています。

大川隆法　北陸新聞ですか。

小林　北陸の地域で、いわゆる「中日」の名前が入った新聞と、あともう一つは別名ですが、同じ紙面で出しているものがあるので、それを加えますと、実は、毎日新聞の発行部数を超《こ》えて、三百五十万部以上あります。

大川隆法　超えてくるんですね。要するに、毎日新聞を超えるぐらいの部数を持っているわけですから、意外に〝伏兵《ふくへい》〟なのです。

だから、「地方紙だ」と思って甘《あま》く見て、「大したオピニオン性はないだろう」と思っていると、意外に、経営体質が強く、頑固で、言論を揺《ゆ》さぶっている可能性がありま す。特に、東京新聞を持っているために、中部経済圏《けん》から東京発信の言論を揺さぶっている可能性がないわけでもないのです。

われわれからは左翼《さよく》に見えるのですが、中部圏から東京を揺さぶることによって、東京中心型の経済を、事実上、引っ繰《く》り返そうとしている可能性もあるのです。そのあたりを、少し調べてみる必要はあると思います。

しかし、こういうことは、なかなか分からないものなんですね。日本の場合、メディアがいろいろなところにまでつながっていて、実に経営体が大きいのです。

一方、アメリカなどでは、州レベルとか、多くても部数が十万部ぐらいしかないような小さい新聞社が、けっこう数多くあります。時差があって同時に出せないところもあるのかと思いますが、全国紙というものがなく、そういう意味で、権力が分散しています。

幅《はば》広い地域で出しているものは、一定の洗脳をかけられるところがあるため、こうしたメディアにも、宗教のような、ある種の意見の偏向を押《お》しつける力があるわけです。このあたりは、気をつけなければいけないところかと思います。

東京新聞は栃木でも読めますからね。ただ、それが、実は、「名古屋主導で決められている内容だ」などということであれば、少し驚《おどろ》きですよね。

中部経済圏《けん》とかかわりがあった商社時代の私

大川隆法　私自身は、若いころに勤めていた商社で、名古屋支社にも二年ぐらいいたことがあります。そのため、中部経済界の人も、ある程度、知っており、人脈がないこともないので、まあ、理解していないわけではないのです。

ちなみに、今は、もう三菱《みつびし》ＵＦＪ銀行などと統合していると思われますが、かつて、名古屋には東海銀行の本店があり、これがすごく威張《いば》っていました。ドンである東海銀行を中心にすべてが動いており、逆らうことができないような、そういう力を持っていたのです。

また、トヨタ自動車の影響力が非常に大きく、〝トヨタ道路〟という百メートル道路が走っていて、トヨタに行くときは、トヨタの車以外では入れてもらえません（笑）。日産やホンダなど、ほかのメーカーの車に乗ってトヨタなどへ行ったら、「トヨタに乗り換《か》えてこい！」と門前払《ばら》いをされることもあるようです。まあ、地元の強さというものはすごいですね。

あとは、千代田火災海上保険や千代田生命保険などの千代田系と、トヨタ系、東海系あたりが「さつき会」というグループをつくっていて、当時のメインバンクが東海銀行だったため、私の勤めていた商社も、そこと関係がありました。私自身、まだ二十代で若かったのですが、東海銀行の本店担当として、二つのミッションを持って送り込《こ》まれたのです。

表向きのミッションは、「将来、商社の財務本部のトップになるから、メインバンクの本店と、早めに顔つなぎをして、いろいろな人と知り合いになってこい」ということでした。要は、「東海銀行の人たちと知り合いになる」ということが表向きのメインのミッションでした。そして、裏のミッションが、「このメインバンクが弱いために商社はガタガタになっているから、東海銀行を啓蒙《けいもう》せよ」というものでした。つまり、〝東海銀行折伏《しゃくぶく》要員〟として送り込まれたのです。

当時、私は、二十代だったのですが、二十代でメインバンクの本社担当というのは、非常に珍《めずら》しいことです。それでも、四半期ごとに東海銀行の本店へ行き、決算の説明や為替《かわせ》の動向等の説明、さらには、会社が行っているプロジェクト案件等についても、いろいろと事業の説明をしに行っていました。

また、私の元いた会社には、トヨタ自動車系とも、非常に深いつながりがありました。

トヨタ自動車は、ナンバーワンの世界企業《きぎょう》ですが、当初は、自動車をつくれても販《はん》売《ばい》力が弱く、「物はつくれるが、どうやって売ったらよいかが分からない」ということで、戦後、すごい不振《ふしん》で苦しんでいました。

それで、「販売組織をつくってやらなければいけない」ということになり、私が勤めていた商社から人を出して、「トヨタ自販」というトヨタの販売会社がつくられたのです。つまり、トヨタの販売部門をつくって売り方を教えたのは、実は、私が勤めていた会社だったわけです。

今は、また一緒《いっしょ》になっているのではないかと思いますが、以前は、「トヨタ自動車工業」というメーカーと、「トヨタ自動車販売」という販売会社に分かれており、さらに、貿易の専門商社として「豊田通商」というものがありました。今は、この豊田通商も、私の元いた商社と合併《がっぺい》して、総合商社になってはいますが、いずれにしても、名古屋に勤めていたことがあるので、私は、中部経済について、ある程度、知ってはいるのです。

名古屋発の文化がないことに引け目を感じている〝名古屋人〟

大川隆法　さて、中日新聞は、名古屋の中心部にあり、バーンと偉《えら》そうに構えているので、もう言うことはききません（笑）。名古屋城にかわって頑張っているような状態です。

名古屋に住んでいる人の特徴《とくちょう》としては、東京と大阪《おおさか》という二大都市圏《けん》に挟《はさ》まれているため、すごく圧迫《あっぱく》感があり、みな、「何とかして、この挟み撃《う》ちから逃《のが》れ出したい」「うなぎのように逃《に》げ出したい」という気持ちを持っているのですが、特徴を出せずに苦しんでいます。

また、誰もが全体的に思っていることが、「名古屋発信の文化がない」ということです。こうしたところに対して、〝名古屋人〟は、〝東京人〟や〝大阪人〟が知らない隠《かく》れた引け目を持っていることが多いのです。

例えば、名古屋発の文化と言っても、名古屋城や金のシャチホコ（笑）、あるいは、きしめん、味噌煮込《みそに》みうどん、天むす（会場笑）、あと、これは三重県ですが、赤福《あかふく》、そして、中日ドラゴンズぐらいしか、全国的に知られているものがありません。だから、名古屋文化というものが発信できず、非常ないらつきと焦《あせ》りを持っているのです。

また、トヨタ道路についても、トヨタの車がよく走れるように、広い道路をつくってくれたのはよいのですが、閑散《かんさん》としていて、文化が栄えにくく、何だか盛り上がりに欠けるのです。要は、道路が広すぎて、ガランとしており、繁華街《はんかがい》が少しさみしいんですね。

だから、名古屋にいる間は、渋谷《しぶや》が懐《なつ》かしくてなりませんでした。

渋谷は、実際のところ、雑然としています。丘《おか》のようになっていて、グニャグニャとした細い道が数多く通っていて、そこに店がたくさんあるのですが、何だか、その丘のような、迷路のような道が懐かしく感じられました。

もちろん、名古屋の百メートル道路もよいのですが、碁盤目状《ごばんめじょう》になっていて、ただただ車が走れるようにできており、人が触《ふ》れ合う文化をつくりにくい感じがとても強いのです。

ちなみに、私自身、中日新聞に、そう大きな思い出はないのですが、中日新聞の本社の近くか、本社のなかにだったか、激辛《げきから》カレーの店がありました（会場笑）。その店のインドカレーには辛さの度数がありまして、だんだん辛くなっていくわけですが、度数の高いカレーを、十分か三十分か、時間は忘れましたけれども、「何分以内に完食したらタダになる」というものがあったのです。「それに挑戦《ちょうせん》しても、汗《あせ》がダラダラと流れて、ギブ・アップすることが多い。カレーに砂糖をかけたり、牛乳をかけたりして頑張っても、なかなかタダにできない」というのです。私も、やはり、食べ切ることができなくてタダにはならず、「うーん。悔《くや》しい」という思いをしたことがあります（笑）。

まあ、くだらない話ですが、「その程度の文化圏だ」ということです。

中日新聞は、その激辛カレー並みに頑張っているために、言うことをきかないのかもしれません。

「ニュートラルな立場」を主張する中日新聞の裏の考えとは

大川隆法　ともあれ、中日新聞は、地元の読者を押さえていて、「これは逃げやしない」と思っているため、意外に経営基盤は強いのです。また、地元の読者も、報道が偏向しているかどうかなど、考えもしていませんし、「地元紙を読めばよい」と思っているので、おそらく、その偏向度は知らないだろうと思います。

私たちからは、中日新聞が少し左翼に見えるのですが、選挙報道等について書いてあるものなどを読むかぎり、「自分たちは、特定の党を応援《おうえん》していない」というニュートラルな立場を取っているつもりでいるらしいのです。本当に、そう思っているのかもしれません。

彼らの意見としては、「『社説では、どこそこの政党を応援するが、ほかの記事では、違《ちが》う政党を配慮《はいりょ》したようなものを書いたらどうか』という意見が出された。そういう考えもあるが、そんなことをしたら、同じ会社が出している新聞に違う意見が出ているように見えてしまう。それも、おかしいので、そういうことはできない」などということが、政治部長か何かをしていた人が書いたものに出ていました。

ただ、何だかんだ言いつつも、何か一枚皮をかぶって、考えを隠しながらやっているのではないかと思います。

三河商法なのか、あるいは、徳川家康《とくがわいえやす》型の伝家の文化なのか分かりませんが、今日は、裏にどんな考えがあるのかを探ってみたいと思います。

「日本で三番目」と威張《いば》る中日新聞社の社長は十分に公人

大川隆法　そういうことで、「合計で約四百万部も発行し、知らないうちに、東京や北陸地方にまで影響力を与《あた》えている」ということなので、今日、小出宣昭《こいでのぶあき》社長には、公人として、思想チェックを受けていただく必要があるでしょう。

機械の嘘《うそ》発見器というのは騙《だま》せることもありますが、私のほうの〝嘘発見器〟は、おそらく、騙すことができないだろうと思います。

昨日、社民党の福島瑞穂《ふくしまみずほ》さんの守護霊霊言《しゅごれいれいげん》である『そして誰もいなくなった』（幸福の科学出版刊）を読んでいたのですが、小林さんが、かなり厳しい質問をしていて、すごいガチンコをやっていました。けっこうガチンコでやっているので、小出社長も、だんだんと本性が出てきたら、意見が明らかになって面白《おもしろ》いことになるかもしれません。

「左翼系」もいろいろと広がっていますので、ある意味、「どこかを倒《たお》せば対決が終わる」ということではないでしょう。

つまり、「左」に寄っているものにも、いろいろな動きがあるので、韓信《かんしん》の「十面埋伏《まいふく》の計」ではありませんが、いろいろなところで、その勢力の〝手足〟の部分を、少しずつ、少しずつ、各個撃破《げきは》していき、だんだん本丸に迫《せま》っていかなければいけないという感じがします。

もっとも、参院選の直前ですから、今回の霊言《れいげん》を本として出しても、ほとんど選挙には影響がないとは思います。ただ、最近は、選挙が近づくにつれ、安倍《あべ》自民党の支持率も、安倍内閣の支持率も、だんだん下がってきつつあります。

これは、党首会談のようなものにも意外と問題があって、すべての党が自民党を攻《こう》撃《げき》するような感じの取り巻き方になっているからでしょう。つまり、自民党と反対のことを言わなければ言うことがないため、全部の党が反対しており、公明党《こうめいとう》までもが違うことを言っていて、選挙までは、その状態でやっていくようです。

さらに、マスコミのほうも、原発問題や憲法改正問題、あるいは、経済の不安定さなど、いろいろなところを、だんだんと攻《せ》めたりして、野党化してきています。そのように、選挙に向けて、ジワジワと沈《しず》めていきつつあるところなのでしょう。

ただ、それは、ある程度、予想されていたことです。

とりあえず、今日は、国会喚問《かんもん》に先立ちまして、中日新聞の社長に対し、〝幸福の科学喚問〞を行うわけですが、最初、これを行ってもよいかどうか、少し迷ったのですけれども……。

小林　実は、私は、四年前に、ご本人にお会いしておりまして。

大川隆法　そうですか。

小林　ええ。東京本社代表をされていたときで、今の幸福実現党とのドンパチが始まりかけたころに、少し抗議も兼《か》ねながら、ご挨拶《あいさつ》に行ったのですが、「うちは、全部を合算すると毎日新聞を超えて、日本で三番目なんだ！」と、非常に威張《いば》っておられました。

大川隆法　ああ！　威張っているのですね？　そうですか。

小林　ええ。ですから、やはり、公人としては十分かと思います。

大川隆法　なるほど。十分なのですね?

中日新聞社社長、小出宣昭氏の守護霊《しゅごれい》を招霊する

大川隆法　確か、宗教法人幸福の科学のほうの初代広報部長が、東京新聞出身だったと思います(笑)。東京新聞から当会に来た人が広報部長をしていたぐらいなので、それほど偏向しているとは思っていなかったのですが、政治系のほうに出てくると、はっきり分かってき始めました。若干《じゃっかん》、残念ですね。

私のほうは、東京新聞から「幸福の科学の初代広報部長」を頂いたので、特に、それほど偏向度を感じていなかったですし、今のところ、東京新聞には、当会の広告も載《の》ってはおりますので、「全面的に宗教に反対する」というスタンスではないのだと思います。

今は、「お金をもらえるのなら構わないが、お金をもらえないものは報道しない」というあたりの、「現金」のところで線を引いているのでしょう。

あなた（小林）は、この前の福島瑞穂さんの守護霊《しゅごれい》霊言でも、なかなか上手に本音を引っ張り出しましたので、あまり廃刊《はいかん》運動にしないで済むぐらいまでで止めつつ、私のほうは、なるべくニュートラルに深層心理を診断《しんだん》してみたいと思います。

（質問者に）では、行きますか。

それでは、中日新聞社の社長をしておりますが小出宣昭氏の守護霊をお呼びいたしまして、その本心に迫りたいと思います。

選挙報道に関して、公正中立を考えておられるのかもしれませんが、幸福実現党の候補等は、毎回毎回、かなりつらい思いをしているようです。庶民《しょみん》の声を聞くのもメディアの一つの役割かと存じますので、どうか、悩《なや》んでいる人たちに対して、そのあたりについてのお答えをくだされば幸いかと思います。

中日新聞社社長、小出宣昭氏の守護霊よ。小出宣昭氏の守護霊よ。

どうか、幸福の科学 教祖殿《きょうそでん》に降りたまいて、その本心を明らかにしたまえ。

中日新聞社社長、小出氏の守護霊よ。

幸福の科学　教祖殿に降りたまいて、その本心を明らかにしたまえ。

（約二十秒間の沈黙《ちんもく》）

2　マルクスは「マスコミの神」？

開口一番、「社長だぞ！　分かってるか？」

小出宣昭守護霊　はあ……。

小林　おはようございます。

小出宣昭守護霊　うーん、なあっ……。

小林　小出宣昭さんの守護霊でいらっしゃいますか。

小出宣昭守護霊　社長だぞ！　社長！　社長だ！

小林　ええ。存じ上げております。

小出宣昭守護霊　社長なんだ！　分かってるか？　社長なんだ。

小林　ええ。

小出宣昭守護霊　うーん。

小林　四年ぶりでございます。

小出宣昭守護霊　うーん？

小林　前回、東京本社代表時代に、現在の幸福実現党の党首である矢内筆勝《やないひっしょう》と私《わたくし》の二人で、小一《こ》時間ほど、面談といいますか、面会させていただいて以来でございます。

小出宣昭守護霊　うん。

小林　今日、お越《こ》し願った趣旨《しゅし》は、選挙公示後、いろいろと各社で報道がなされていますが、全体を客観的に見て、全国において中日新聞のみ、幸福実現党に対して、やや度の過ぎた偏向《へんこう》報道が行われているように感じましたので……。

小出宣昭守護霊　うーん！　ほお！

小林　そのあたりの趣旨、あるいは、意図に関して、お話を伺《うかが》いたいと思っております。

最初に、「報道をしている側が、どういう考え方、思想に基《もと》づいて、あるいは、どういうスタンスに立って報道しているのか」を明らかにすることによって、やはり、読者が物事を公平に判断する材料を提供できると思いますので、できれば、そのあたりから、お話を伺えればと思っております。

小出宣昭守護霊　だいたいだねえ、おまえらのような、ウジ虫みたいに急に湧《わ》いたやつらが、偉《えら》そうにものを言うからさあ、腹が立つんだよなあ。

俺《おれ》はなあ、エリートのなかのエリートなんだよ。ええ？　中日新聞のなかのエリートなんだ。超《ちょう》エリートなんだよ！

小林　うーん。

小出社長は「メディア界の帝王《ていおう》」になるべき存在？

小出宣昭守護霊　おまえらなあ、ウジ虫みたいに急に湧いて出たような、ポッと出の政党だか、宗教だか知らんが、偉っそうに！

この伝統ある会社のエリートとして育て上げられたわしは、その東京の代表時代に正しい判断をしたからこそ、今、本社の社長になっとるんだろうが。だから、わしの判断は、すべて正しいんだ。あーん？

小林　あなたの判断は、すべて正しいと？

小出宣昭守護霊　だから、社長になれたんじゃないか。いつも正しい判断をするから。わしは、本来、「メディア界の帝王《ていおう》」になるべき存在なんだよなあ！

小林　「メディア界の帝王である」と、中日新聞の社長がおっしゃっているわけですね？

小出宣昭守護霊　ああ。だから、次は、遷都《せんと》して、名古屋に都《みやこ》を移そう！

小林　はあ。

小出宣昭守護霊　それがええ。

小林　そういったあたりが、「本心」であると？

小出宣昭守護霊　いやあ、それは、半分冗談《じょうだん》ではあるが、でも、日本の中心は名古屋へんだからなあ、やっぱりなあ。

小林　ただ、今のご発言は、読売新聞の渡邉恒雄《わたなべつねお》さん並みで、なかなか迫力《はくりょく》があるのですけれども……。

小出宣昭守護霊　ああ！

小林　要するに、ご自身としては、そういう自己認識でいらっしゃるわけですか。

小出宣昭守護霊　ナベツネねえ。負けてたまるかあ！

小林　ああ、なるほど。

小出宣昭守護霊　あんなロートル（老人）と一緒《いっしょ》にされると困るなあ。わしは、これでも、まだ安保《あんぽ》世代だからね。やる気も、覇気《はき》も、まだ残っとるわなあ。

小林　そう。まさに安保世代ですね。

小出宣昭守護霊　うーん。あれ（渡邉恒雄氏）は、もう老人やからさあ。

四年前、幸福実現党を「報道価値なし」と判断した？

小林　その安保世代という点に関して、最初の質問に入りたいと思います。

小出宣昭守護霊　ええ？　うーん。

小林　四年前に面会させていただいて……。

小出宣昭守護霊　「面会」なんて偉そうに言うな！　おまえら、ウジ虫みたいに、わいたばかりの政党が！　ええ？　「会っていただいた」と言え！　「会っていただいた」

と。

小林　そうおっしゃいますが、面会は別に十分や十五分ではなく、一時間の約束で、結果、九十分もお話をしたわけですが……。

小出宣昭守護霊　ああ？　それは、おめえが、うるせえからじゃないか！　おまえが、しつこく粘《ねば》ったんやろうが！

小林　いえいえいえいえ。

小出宣昭守護霊　本来、会う資格はないのよ。

小林　四年前のことを言いたくはないのですが、質問を受けたのは、どちらかと言うと、私のほうでしたけれどもね。

小出宣昭守護霊　うーん。まあ……。

小林　まあ、いいですよ。では、最初の……。

小出宣昭守護霊　それで、そのとき、「報道に値《あたい》しない」と、君らは判断されたわけだから。「報道価値がない」っちゅうことだ。話題性がない。

小林　今日は、私のほうが質問者をさせていただきます。

小出宣昭守護霊　ああ、そうか。

小林　よろしいですか？

小出宣昭守護霊　君は、うるさいらしいから、気をつけなあいかん。

正しさの基準は政治学者「丸山眞男《まるやままさお》」

小林　まず一点目の質問です。四年前、小出社長とお話をして、非常に印象に残っている点があるんです。

小出宣昭守護霊　ほお！

小林　それは何かと言いますと、言葉の端々《はしばし》に、いわゆる、「丸山眞男《まるやままさお》用語」が頻発《ひんぱつ》していたことです（『日米安保クライシス――丸山眞男 vs. 岸信介《きしのぶすけ》――』〔幸福の科学出版刊〕参照）。

小出宣昭守護霊　まあ、世代的には……。

小林　いえいえ。あなたは、早稲田《わせだ》の政経で、政治専攻《せんこう》ですからね。

小出宣昭守護霊　うーん。

小林　ですから、驚《おどろ》いたんですよ。「あれから何十年もたっているのに、こういう世代の違《ちが》う人間に対し、丸山眞男用語をあれだけ頻発して話される方というのも、珍《めずら》しいな」と思って。

小出宣昭守護霊　いや、それは驚いたなあ。いや、丸山眞男用語なんちゅうのはね、分かる人がいないんだよ。あの丸山眞男の本は、文章を読んでも分からないから、普通《ふつう》の人は、丸山眞男用語とは分からないんだよ。

まあ、ブン屋（新聞記者）には分かるけれども、普通、ほかの人には分からないんだよなあ。

小林　まあ、私は、仕事柄《がら》、その程度のことは存じ上げていますので、非常に驚いたんですよ。

小出宣昭守護霊　ああ、そうだったの。ふーん！

小林　それで、今日の質問の一点目は、「丸山眞男さんに関して、どのように考えておられるか」ということです。

小出宣昭守護霊　ええ？　そらあ、まあ、「政治記者として、政治部門で書くことがなければ、丸山眞男」っちゅうのは、もう、通り相場《そうば》じゃないですか。

小林　そうすると、基本的には、丸山眞男の考えに従って書いてきたと？

小出宣昭守護霊　まあ、それは……。われわれの世代は、みんな、あのへんを読んで、正しさを判断して、記事を書いてきたもんだからなあ。

小林　その世代の方が、今、中日新聞では、経営陣《じん》におりますので、「基本的に、そこに合わせて、いろいろな記者が書いている」ということを認めておられるわけですね？

小出宣昭守護霊　うーん、まあ……。あれ？　丸山眞男の親父《おやじ》さんは、毎日新聞の記者やったかなあ。だから、まあ、そんなに、ずっと考えが違うわけでもないんだがな。

「民主主義は永久革命」という丸山の言葉で〝開眼《かいがん》〟

小林　二〇〇五年でしたでしょうか。編集局長をされていたときの「編集局長コラム」のなかで、丸山眞男を激賞《げきしょう》されていますよね。

小出宣昭守護霊　うーん。

小林　「衝撃《しょうげき》的な学者だ。日本の持つ問題点をえぐり出した、あの天才性は、いったい何だろう」と。

小出宣昭守護霊　君ねえ、わしを、「時代遅《おく》れ」という方向に持っていこうとしとるんとちがうか。あ？

小林　いえいえ。そういう特定の方向性を持った意図ではなくて、「小出さんが、いったい、どういう思想・信条に基づいて、中日新聞社を経営し、紙面を構成しておられるのか」ということを、客観的に描写《びょうしゃ》したいだけなんです。

小出宣昭守護霊　うーん。

小林　普通、編集局長でコラムを持っておられること自体が珍しいのですけれども、そのなかで、二〇〇五年という段階において、丸山眞男を激賞するというのは、かなりの特徴《とくちょう》があるのですが、やはり、そうとう信奉《しんぽう》しておられたわけですね。

小出宣昭守護霊　ああ、それは、あれやろう？

あのころは、小泉《こいずみ》（純一郎《じゅんいちろう》元首相）が、まだ残っとったかなあ。二〇〇五年だったら、小泉の時代かな。

だから、小泉に、安保世代の考えを、ちょっと、ぶつけてみたんかなあ。たぶんな。

小林　つまり、「自分こそが『最後の砦《とりで》』である」という意識があったわけですか。

小出宣昭守護霊　うーん……。まあ、小泉も、一部、いいことは言うたがなあ。「自民党を、ぶっ壊《こわ》す」と言ったから、それは、全共闘《ぜんきょうとう》（全学共闘会議）の考えとも一致《いっち》するし、レーニンの考えとも一致するわなあ。

小林　ああ、レーニンでございますか。

小出宣昭守護霊　「国家の消滅《しょうめつ》、全滅」を目指すことこそ、「社会主義の使命」だからなあ。

小林　共産主義の本質ですね。

小出宣昭守護霊　それに、丸山眞男は、「永久革命」だわなあ。

小林　そうですね。

小出宣昭守護霊　「とにかく、民主主義っていうのは永久革命で、王様の首を延々と刎《は》ね続けることができる。この永久革命を定めたのが民主主義だ」と。これが、わしの〝悟《さと》りの原点〟やなあ。

レーニンを「革命を起こしたカリスマ」と評価

小林　今おっしゃった、レーニンに関しては、どう思われますか。レーニンの評価は……。

小出宣昭守護霊　うーん。あんまり偉すぎて、もう、評価でけんわ。

小林　つまり、ご自分からすると、レーニンは偉すぎると?

小出宣昭守護霊　いやあ、それは、さすがに偉すぎるわなあ。

小林　立派すぎる?

小出宣昭守護霊　それは、やっぱり、中日新聞の社長よりは、レーニンのほうが偉いやろう。

小林　「レーニンは評価すべき対象だ」と？

小出宣昭守護霊　ええ？　評価すべきも何も、国家をつくって率いたっちゅうのは、すごいことやからなあ。

小林　では、評価を超《こ》えて、「崇拝《すうはい》すべき対象だ」ということですか。

小出宣昭守護霊　崇拝っていうか、まあ、カリスマだろう？　やっぱり。

小林　レーニンは、小出社長にとって、カリスマだと？

小出宣昭守護霊　それは、カリスマだろうよ。

小林　そういうことですね。分かりました。

小出宣昭守護霊　だって、新しい民衆革命を起こして、貴族主義的な帝国をぶっ潰《つぶ》し、新たな国家を建設した。すごい文明実験をやったんだからさあ。

小林　そうすると、小出社長には、安保世代の「自称《じしょう》ドン」とまでは言いませんが、その中核《ちゅうかく》として、やはり、「自分の本当の使命は、革命にあるのだ」という意識があるわけですか。

小出宣昭守護霊　まあ、そんなことはないけどもね。メディアというと、革命までは行かん。革命を小さくして、「批判をやる」というあたりには落ちるわけやけども……。

小林　ああ。ということは、基本的に、「共産党、あるいは、共産主義の考え方に従って、批判をしている」というのがスタンドポイント（立脚点《りっきゃくてん》）だと理解してよろしいわけですね？

小出宣昭守護霊　うん。まあ、そういうねえ、特定の党名で応援《おうえん》するっちゅうことではないんだけれども、まあ、「反権力」だよな。うん。反権力だよ。

マルクスは「現代に生まれたキリスト」なのか

小林　では、マルクスに関しては、どう思われますか。

小出宣昭守護霊　うん？　何？

小林　マルクスです。

小出宣昭守護霊　これは神様だろうがあ。

小林　マルクスが、小出社長の神様？

つまり、中日新聞の神は……。

小出宣昭守護霊　レーニンはカリスマだけど、マルクスは神様だ。

小林　「レーニンはカリスマで、マルクスは中日新聞の神だ」と？

小出宣昭守護霊　神様でしょう？　これは、もう明らかに神様でしょう？

小林　そうですか。うーん。

小出宣昭守護霊　「現代に生まれたキリスト」だよ、これは。

小林　「現代のキリストだ」というのが、小出社長のマルクスに対する見方なのですね？

小出宣昭守護霊　これは神様でしょう。思想において、もう、ペン一本で、世界の半分を変えた。これはもう、マスコミ人……、まあ、彼もマスコミ人だよ。ライン新聞の編集長かなんかもしてたし、記事も書いたから。

小林　そうですね。

小出宣昭守護霊　ねえ？　だから、マスコミ人としては、もはや、理想を超えた神だわな。

小林　理想を超えた神？

小出宣昭守護霊　「マスコミには神がない」と、あんたがたは思うとるんだろう？　マスコミにも神がいるんだよ。マルクスが「マスコミの神」なんだよ。

小林　マルクスがマスコミの神？

小出宣昭守護霊　神なんだよ。これが神なんだ。

小林　ああ。

「マルクス・レーニン主義で〝天下布武《てんかふぶ》〟をしたい」との願望

小出宣昭守護霊　この神（マルクス）の言葉を受けて、〝預言者〟として国を建てたのが、レーニン。

そして、それを、さらに強大化したのが、スターリン。こんな、〝偉大《いだい》な預言者〟が続いたわけだよ。

小林　あ、では、スターリンも崇拝しているのですか。

小出宣昭守護霊　レーニンは、やっぱり、創立者だから偉いけども、スターリンは、それを大帝国として、天下に冠《かん》たる帝国をつくったからね。

小林　五千万人を虐殺《ぎゃくさつ》したスターリンを大崇拝していると？

小出宣昭守護霊　ええ？　いや、知らんよ。そんなことは知らんが、まあ、とにかく……。

小林　「知らない」という発言が、報道機関として許されるのですか。

小出宣昭守護霊　中日新聞も、できれば、地域を攻《せ》め取っていってだな、まあ、戦国時代にも憧《あこが》れはあるから、地域を攻め取って、天下布武《てんかふぶ》をやりたいなあ！　中日から。

小林　要するに、「中日新聞は天下布武が目的だ」と？

小出宣昭守護霊　うん。天下布武。だから、マルクス・レーニン主義を用いて天下布武……。

小林　「マルクス・レーニン主義によって、天下布武をしたい」と？

小出宣昭守護霊　うんうん。天下布武をして、朝日を乗り越えたい。

小林　ああ。だから、何千万人も虐殺したスターリンが、〝英雄〟に見えるわけですね。

小出宣昭守護霊　いや、それは君ねえ、取材できてないことを、勝手に言っちゃいけないんだから……。

小林　いや、むしろ、中日新聞が取材すべきなのではないですか。

小出宣昭守護霊　歴史認識がない。

小林　そうおっしゃいますが、旧ソ連崩壊《ほうかい》後、これは、「歴史事実として、ほぼ確定した」と見ていいですよ。

小出宣昭守護霊　いや、全然、分からない。歴史事実は分かんない。

小林　逃《に》げないでくださいよ！

小出宣昭守護霊　ロンドンには、特派員で、ちょっと行ったけど、ロシアには行ってないから、よく分からないんだ。調べてないからさ。

「『共産党宣言』は、現代の『聖書』」と断言

小林　角度を少し変えて、お訊《き》きします。今、マルクスをかなり激賞されていましたが……。

小出宣昭守護霊　神様ですよぉ。

小林　マルクスの『共産党宣言』については、どう思われますか。

小出宣昭守護霊　「神様の答え」を書いたもので、あれは、もう、『聖書』の言葉ですよ。

小林　『共産党宣言』は『聖書』だと？

小出宣昭守護霊　『聖書』。一種の『聖書』ですよ。

小林　当然、それが、編集方針の物差しになるわけですね？

小出宣昭守護霊　あれは、もう、民衆を救うために神から放たれた『聖書』ですよ。現代の『聖書』が『共産党宣言』ですよ。ええ。これが、マスコミの原点じゃないで

すか。何言ってるんだよ。これが分かんないの？（産経新聞出身の綾織に）産経新聞なんていうのはなあ、もう、ただの時代の逆流現象だ。

毛沢東《もうたくとう》は、「日本の首相より百倍偉《えら》い」？

小林　もう一つ、訊きますね。毛沢東《もうたくとう》については、どう思われますか。

小出宣昭守護霊　毛沢東は、もう、偉《えら》すぎて分からんわあ。

小林　偉すぎて分からない？

小出宣昭守護霊　もう、あそこまで行ったら、偉くて分からんわあ。とにかく、とにかく、日本の首相より二十倍以上偉いのは確実だろう。

小林　日本の首相の二十倍偉いと？

小出宣昭守護霊　いやあ、でも、歴史的には百倍偉いかな。

小林　百倍偉い？

小出宣昭守護霊　うーん。

小林　ちなみにですね、今、小出社長（守護霊）が評価する方をだいたい並べられたのですが、逆に、評価しない……。

小出宣昭守護霊　だから、「マルクス、レーニン、スターリン、毛沢東には、ちょっと敵《かな》わんかなあ」とは思うけれども、その次ぐらいでは、ちょっと、わしも、ナベツネや朝日の社長を蹴落《けお》として、何とか、上がりたいもんやなあ。うーん。

小林　日本において、それに次ぐのが小出宣昭で……。

小出宣昭守護霊　うーん、ちょっと、まだ、そこまで行かんかなあ。残念だ。残念ではあるけど、いずれ、いずれ名を遺《のこ》したいもんだなあ。

小林　「マルクスやレーニンに成り代わって」ですか。

小出宣昭守護霊　いや、ナベツネぐらいの、あの妖怪《ようかい》ぐらいの年まで生きてたら、もしかしたら、もしかするわね。

小林　日本の思想界を支配したいと？

小出宣昭守護霊　日本の新聞界の、何て言うかね、聖典を、わしが書けばのう、「それを、みんなが読む」っていう……。

宗教心があるかのようなコラムを書いた理由

綾織　宗教的な観点からも、お伺いしたいと思います。「マルクスは神だ」とおっしゃっているわりには……。

小出宣昭守護霊　神だよ！

綾織　あなたには、意外と、宗教心があるところもあります。

小出宣昭守護霊　ある。ふんふん。ま、そうそう。

綾織　あなたが書いておられるコラムのなかで……。

小林　ちなみに、これは、小出社長のことですよ。
小出宣昭守護霊　私のことか。
小林　そうです。
小出宣昭守護霊　ああ。
小林　マルクスのことではなく、小出社長のことです。
小出宣昭守護霊　そうか。うんうん。
綾織　それで、パスカルの言葉の引用をして、「神様がいないなら、天国も地獄《じごく》もないが、神様がいたら、天国・地獄があるから、やはり信じたほうがいい」ということを書いていらっしゃったのです。
小出宣昭守護霊　それは、渡部昇一《わたなべしょういち》さんが書いてることをパクッただけやがね。
綾織　パクッた？　本心はどうなんですか。

小出宣昭守護霊　いやあ（笑）、本心は……。まあ、パスカルっちゅうのは、そんなに大した信心《しんじん》がないんじゃないの？　まあ、科学者やからさあ。

綾織　はいはい。

小出宣昭守護霊　部数を伸《の》ばすためには、いろんな方面に触手《しょくしゅ》を伸ばさなあいかんからね。まあ、そういう意味で、ちょっと配慮《はいりょ》が要《い》るんだよ。

宗教を共産主義的な「民衆運動」として理解

綾織　通われた高校は、宗教系ですね。東海《とうかい》高校は、浄土宗《じょうどしゅう》系なんですが。

小出宣昭守護霊　いや、東海高校は……。そんなもん、「宗教系」と言うのは、ちょっと問題があるんじゃないかなあ。進学校だよ、進学校！

綾織　はい。進学校なんですけども、実は、少し調査をさせていただいたのですが。

小出宣昭守護霊　うん？　調査？

綾織　ええ。「高校時代、小出社長は宗教の研究会をつくっていらっしゃった」ということで、なぜか、宗教に強い関心があられるようですね。「単に、宗教系の学校に通っていた」というだけではなくて、何か理由が……。

小出宣昭守護霊　いやあ、普通の人は、東海高校を「宗教系の学校」とは思ってないよな。

綾織　そうですね。私も驚きました。

小出宣昭守護霊　なあ、中部地区で進学を考えてる人たちが、けっこう集まる学校だからねえ。

小林　高校生で、宗教の研究会をつくるのは、なかなか、ないケースだと思いますが、その動機は何だったのでしょうか。

小出宣昭守護霊　うーん……。いやあねえ、君ら、なんか、勘違《かんちが》いしてんじゃないの？だから、「マルクスはキリストだ」と言っただろうがあ。

小林　要するに、共産主義は宗教だと？

小出宣昭守護霊　宗教ですよ。

小林　ああ、なるほど。

小出宣昭守護霊　根本《こんぽん》は宗教ですよ。だから、浄土真宗《じょうどしんしゅう》や、あんなもんと変わらないですよ。

小林　浄土真宗も、共産主義的に理解したわけですか。

小出宣昭守護霊　そう。共産主義ですよ。あれは、民衆運動でしょ？　うん。浄土真宗なんかも、みんな、そうですよ。だから、鎌倉《かまくら》時代以降の宗教は、全部ですねえ、民主主義なんですよ。民主主義運動なんですよ。あの宗教運動は、全部……。

小林　鎌倉時代以降の宗教は、基本的に共産主義だと？

小出宣昭守護霊　共産主義かどうかは……。まあ、社会主義かは、ちょっと分からんけれども、民衆を立てる宗教だよな？　戦後の社会の教科書も、鎌倉仏教を非常に高く上げるのは、みんな、民衆の宗教だから。創価学会《そうかがっかい》が伸びて、公明党ができてるのも、やっぱり、そらあ、民主主義と日蓮《にちれん》の教えとが合体しているからだよ。だから、ああやって伸びたんだろう？

小林　うん。分かりました。

小出宣昭守護霊　君らのが伸びないのは、民主主義でないからだよな。うん。

3 「中国」と中日新聞の関係

尖閣《せんかく》については、「沖縄《おきなわ》の新聞じゃないから、どうでもええ」

小林　また少し角度を変えますが、今の中国に関しては、どう思われますか。

小出宣昭守護霊　今の中国？

小林　はい。あるいは、戦後の、一九四九年以降の、中華《ちゅうか》人民共和国と申し上げてもいいのですが。

小出宣昭守護霊　まあ、ちょっと話が大きくなるなあ。そこまで言うたら、ちょっと話が大きくなるから、うーん……。

小林　では、具体的に、尖閣《せんかく》諸島の問題に関しては、どう思われますか。

小出宣昭守護霊　うーん、まあ、新聞社の社長としては、それを公式に言うのは、なかなか苦しいものがあるがな。ちょっと、大統領かなんかが言うような厳しさだなあ。それを言うと、ちょっと問題が出る可能性はあるが、少なくとも、わしは沖縄《おきなわ》県の新聞社じゃないから、まあ、「どうでもええ」と言やあ、どうでもええんだけども。

小林　それは、なかなかの発言です。

小出宣昭守護霊　いやあ、まあ、そらあ、沖縄だから、どうでもいいよ。

小林　ただ、去年でしたか、要するに、あなたが社長として本社に戻《もど》られてから、中日新聞は、「中国が尖閣周辺で挑発行為《ちょうはつこうい》を繰《く》り返していることに対して、日本が警備行動を強化することは、けしからん」という趣旨《しゅし》の社説を書いておられましたけれども。

小出宣昭守護霊　おお。なんという、イエス・キリストのような人だろう。

小林　ああ、つまり、その社説は、やはり、是《ぜ》であると？

小出宣昭守護霊　え？

小林　当然のことながら、社長の方針から出ているものであると？

小出宣昭守護霊　もう、なんか、石つぶてを投げられても、説法《せっぽう》を続けてる日蓮《にちれん》のようではないか。まるでなあ。

「中国の核《かく》ミサイルは脅威《きょうい》ではない」との認識

綾織　小出社長自身も、面白《おもしろ》いことを書いています。二〇〇三年に書かれたコラムですが、そこには、「日中国交正常化をして、中国の核《かく》は脅威《きょうい》ではなくなった」というようにあるのです。

小出宣昭守護霊　うん。まあ、それは、そのとおりじゃないか。

綾織　あ、そのとおりなんですか。

小出宣昭守護霊　うん。それは、そのとおりじゃないの？

小林　今、「百発以上の核ミサイルの照準が日本に向いていて、名古屋には十発ぐらい向いている」とも言われていますが、それについて、どう思われるのですか。

小出宣昭守護霊　いや、安倍《あべ》政権なら照準を合わせるかもしらんけども、前の民主党政権なら、外すよぉ。

小林　いえいえ。民主党政権下でも、ずっとロックオンされていたことは、アメリカの情報で確認されているんですよ。

小出宣昭守護霊　そんなことはないよ。何だ？　お、お、温家宝《おんかほう》首相なんか、鳩山《はとやま》（政権）が潰《つぶ》れる前の日に、支えに来たぐらい……。

小林　報道家のわりには、メディア出身の方のわりには、事実に対して、あっさり目を瞑《つぶ》りますね。特に、中国に関することとなると、とたんに、そうなりますが、それはまずいのではないのですか。

綾織　名古屋も照準を合わされています。それについて、どう思うのですか。

小出宣昭守護霊　「名古屋に照準を合わす」って？

小林　中日本社は、名古屋市のど真ん中にありますよね？

小出宣昭守護霊　そらあ、中日本社は狙《ねら》わないよ。それは狙わないよ。

小林　いえいえ。核ですからね？

小出宣昭守護霊　狙うわけがないじゃない？

綾織　そこに落ちると思います。

小林　半径十キロぐらいは全滅《ぜんめつ》ですよ。

小出宣昭守護霊　狙わない。狙わない。そらあ、やっぱり、読売とか、産経とか、そんなところを狙うから。

小林　いえいえ。全部、同じ半径のなかに入っています。

小出宣昭守護霊　ええ？　あのー、そっちを狙うわけじゃないの？

中国に攻撃《こうげき》されないためには、「朝貢《ちょうこう》すればいい」?

綾織　中国の核については、まったく問題ないわけですか。

小出宣昭守護霊　中国は、「平和を愛する諸国民」だから、そんな、大丈夫《だいじょうぶ》。日本みたいな侵略《しんりゃく》行為をしませんよ。中国は、「中華思想」と言ってもだね、朝貢《ちょうこう》を求めるだけであって、歴史的には、自分の国から出ないのが基本だから、ほかのところに、「朝貢しろ」とは言うけど、朝貢さえすれば、もう、攻撃《こうげき》はしない。朝貢しなければ、攻撃に出ることも、まあ、たまにあるけども基本的にはねえ……。

小林　ということは、中日新聞は、中国が、フィリピンの南沙《なんさ》諸島や、ベトナムの西沙《せいさ》諸島を侵略したことに関して、是とされるわけですか。

小出宣昭守護霊　いや、やつらが、生意気だからだよ。生意気だよなあ。大国・中国に対して、対等の口を利《き》いてだねえ、領土問題について争おうとする姿勢を見せたから。このちっぽけな国がねえ、大中国に対して、対等の口を利いて争おうとするから、ちょっと懲《こ》らしめてやらないかんから……。

小林　それは、是だと？

小出宣昭守護霊　「懲らしめよう」と思ったら、「核心的利益」と言えば、そんで終わるわけやからさあ。

小林　懲らしめることは、いいことだと？

小出宣昭守護霊　いやあ、だから、言葉一つで、終わらせようとしてるわけよ。「核心的利益」っていう言葉は、いい言葉でなあ。これは、「核兵器を撃《う》ち込《こ》むぞ」という意味だからね。うん。

綾織　では、日本の首相は、中国に朝貢しに行って、頭を下げればいいと？

小出宣昭守護霊　そう。朝貢。だから、民主党の時代は、実に、いい時代だったのに。

綾織　ほお！

「中国を刺激《しげき》するな」がオスプレイ配備反対の理由

小林　それに関連して、もう一点、確認的にお訊《き》きしたいのですが、オスプレイに関して、どう思われますか。

小出宣昭守護霊　うーん……。

小林　オスプレイの配備に関して。

小出宣昭守護霊　まあ、「みんなが嫌《いや》だ」って言ってるから、嫌ということで、いいんじゃないの？

小林　いやいや。そういう、ごまかし方をしないでください。中日新聞が、小出社長の下《もと》で、オスプレイ反対のスタンスの記事や社説を出すのは想定されることですけれども、他社は、その反対の理由として、「安全性」を挙げていたのに、中日新聞のみ、「中国を刺激《しげき》するから、いけない」という、すごい論拠《ろんきょ》を立てたんですよ。これは、去年の社説ですが。

小出宣昭守護霊　よく読んでくれてるんだねえ。君ら、熱心に。ええ？　東京にいて。

小林　それはそうです。

小出宣昭守護霊　中日新聞を読んでくれるのか。

小林　いや、この異常性に関して……。

小出宣昭守護霊　どこが異常なの？　そのとおりじゃない？

小林　そのとおりだと？

小出宣昭守護霊　親切に解説してるじゃないねえ。だから、安全性っていうのは……。

小林　うーん。

小出宣昭守護霊　要するに、オスプレイが落ちたときに、米兵が当然死ぬわなあ。「乗ってる米兵や、運転してる米兵が死ぬのと、日本の住宅街とか学校とかに落ちたら、日本人が死ぬかもしらんから、危ない」っていう非常にエゴイスティックな考えに基《もと》づく、オスプレイ反対運動だよな?

でも、私らは、「オスプレイを置くことによって、尖閣に対して、日本から兵員を送ったり(物資を)運搬《うんぱん》したりするのが非常に楽になる。長距離《ちょうきょり》移動ができるようになって、尖閣の警備が楽になるので、中国が、『これは、もう大変だ』ということで、対抗措置《たいこうそち》を講じなきゃいけなくなる」と考える。よけい、中国の脅威を増すことになるので、よろしくない。

これはもう、わしは、非常に天才でないかなあと思うとるんだよ。

「民意」を言い訳にスタンスの明言を避《さ》ける

小林　いえいえ。オスプレイ配備の趣旨はですね、中国が尖閣を占領《せんりょう》したときに、当然、反撃をしなければいけないので、そのときの主要な運搬手段が……。

小出宣昭守護霊　なんで反撃に出なきゃいけないのよ。何言ってんの? そんなこと、決まってないじゃない?

小林　あっ、占領されても、反撃してはいけないのですか。

小出宣昭守護霊　決まってないじゃない？　そんなこと。

小林　占領されたら……。

小出宣昭守護霊　それから、みんなで、国会で議論しなきゃいけないんだ。「占領されたけど、どうするか」を国会で議論するんじゃないの？

小林　ああ、つまり、本心としては、「仮に占領行為があったら、自衛隊の反撃を阻《そ》止《し》するのが、実は、中日新聞の立場だ」と？

小出宣昭守護霊　いや、分からないよ。もし、民主党の鳩山政権だったら、国会を召《しょう》集《しゅう》して、議論して、そして、「まあ、占領されたけど、昔、いっぱい大陸を取ったから、しかたがないね」ということで、あげちゃうかもしれないじゃないの。そんなのは、分からないじゃない？

小林　いえいえ。中日新聞のスタンスは、どうなのですか。そのときに、どういう社説を書かれるのですか。

小出宣昭守護霊　だから、民主主義ですから、まあ、それは、民衆の意見に沿わなければいけませんから、「どういう民意が多数か」によるわね。日本人が「欲《ほ》しくない」と言えば……、だって、誰《だれ》も住んでないんですから、「欲しくない」と言えばあげてもいいし、「欲しい」と言えば取ってもいいし……。

小林　ああ、そうですか。

綾織　ただ、尖閣だけにとどまらない可能性があります。

小出宣昭守護霊　いやあ、それは、憶測《おくそく》にしかすぎないじゃないですか。向こうは、尖閣について、「うちのもんだ」と言ってるんだから……。

小林　実は、四年前にお会いしたときも、同じような議論になったんですよ。小出社長は、何か、都合《つごう》の悪いことになると、「いや、それは世論《よろん》がそう思うからだ」という議論を連発したのです。

小出宣昭守護霊　君らは、相手にしてもらっただけ、うれしいと思わないといけないよ。

小林　いえいえ。

「中国で受けた歓迎《かんげい》」について語りたがらない小出社長守護霊

小林　そうやって、民衆のせいにするような逃《に》げ方をされましたので、申し訳ないですが、もう一歩、踏《ふ》み込ませていただきます。これから申し上げることは、あなたのほうで〝戦端《せんたん》〟を開《ひら》いたためですから、ちょっと容赦《ようしゃ》してくださいね。

小出宣昭守護霊　戦端を開いた……。わしは戦争嫌《きら》いだからなあ。

小林　中日新聞あるいは東京新聞は、中国の記者との研修交流を、もう二十年以上されていますね？

小出宣昭守護霊　別にいいじゃない？　近所の国なんだから。

小林　それで、中日新聞の記者を、多数、北京《ペキン》に派遣《はけん》して、研修を受けさせていますよね？

小出宣昭守護霊　うん。そんなの、お互《たが》い様じゃないか。マスコミを受け入れたら、お互い様。情報を取られるのは、一緒《いっしょ》なんだから。うーん。

小林　小出社長も、おそらく、何度か行かれていると思いますが、手元の記録だけでも、二〇〇五年、編集局長だったときに、訪中団の団長として行かれていますよね。

小出宣昭守護霊　いやあねえ、中国っていうのは、いい国なんだよ。あのねえ、中国に好意的な記事を書くと、もう、手のひらを返したように歓迎《かんげい》してくれる。産経みたいに、反対するような、嫌らしい記事書くところに対しては、もう、塩を撒《ま》くような、そういう国で、日本人と違《ちが》って態度がはっきりしてるから、非常に分かりやすい。

小林　それで、どういう歓迎をされたのですか。

小出宣昭守護霊　ん？　え？「どういう歓迎」って、そらあ、あのー、中華料理だろうよ。

小林　それだけなんですか。

小出宣昭守護霊　うん。いやあ、まあ、そんな……。君ねえ、そういうねえ、マスコミの特権について語ってはならないのよ。

綾織　いろいろあるわけですね。

北京《ペキン》のホテルで「ハニートラップ」をかけられた?

小林　では、客観的に訊いていきます。二〇〇五年、訪中団で行かれたときに、北京《ペキン》に何泊《なんぱく》されたのですか。

小出宣昭守護霊　なーによ、君、そんな古い話を持ち出して、何の意味があるわけよ?

小林　今年も行かれていますが、それは、どういう旅程だったのですか。当然、社長ですから、把握《はあく》しているでしょう?

小出宣昭守護霊　なんで、君に、そんなことを知られなきゃいけないわけよ。

小林　答えたくないのですね？

小出宣昭守護霊　あのー、そういう、「東京の代表だの、中日新聞の社長だのが、どういう行動を取るか」なんちゅうのは、社の方針で決まることであって……。

小林　いや。あなたは公人なので、あえて訊きます。私には、突《つ》っ込むつもりがなかったんだけれども、先ほど、ああいう逃げ方をされたので、あえて訊きますね。

実は、今日の収録は、夕べ決まったのですが。

小出宣昭守護霊　ああ、そう。

小林　夕べ急遽《きゅうきょ》決まり、それで、夜、収録の準備をして……。

小出宣昭守護霊　あっ、無理しないほうがいいよ。あんたがたはね、無理しすぎてるから。どうせ負けるのに無理しすぎてるんだよ。そんなに頑張《がんば》らんでいいんだよ。

小林　それは、ご心配には及《およ》びません。あの、ちょっと、いいですか。

小出宣昭守護霊　自然体で消滅したらいいんだよ。

小林　いいですか。ああ、これから私の言うことが都合が悪そうなので、そうやって防御《ぼうぎょ》を張っているんですね？　いいですか。

それで、準備が終わって、一晩、寝《ね》ますよね。そして、私は、今朝方《けさがた》、夢を見たんですよ。

小出宣昭守護霊　ほお。

小林　どんな夢を見たかというと、「ホテルに泊《と》まっていたら、中国政府が私にハニートラップをかけてくる」というものだったのです。

小出宣昭守護霊　それは、君の欲望の表れだろう？

小林　私は、もちろん、そんなことは一発で見抜《みぬ》きますから、別に、全然、どうということはなかったのですが、非常に不思議だったのです。「なぜ、この局面の、このタイミングで、私が、北京のホテルに泊まり、ハニートラップを仕掛《しか》けられるような夢を見なければいけないのか」と。

小出宣昭守護霊　いやあ、やっぱり、君はねえ、宗教に行くのが間違いやったのよ。「本来、煩悩《ぼんのう》の世界に生きなきゃいけない」という……。

小林　いや。これは、もしかしたら、要するに、小出社長なり、誰なり、その訪中団の方々に起きた事柄《ことがら》を暗示した霊夢《れいむ》だったのではないでしょうか。

小出宣昭守護霊　いやあ。違う、違う、違う。もしかしたら、君はねえ、親鸞《しんらん》のような悟《さと》りを開く前なのかもしれない。

小林　そんな、急にまじめな顔をして、反論しなくていいですから。

小出宣昭守護霊　親鸞も、悟る前には、ちゃんと玉女《ぎょくにょ》が現れては、「私が抱《だ》かれてあげよう」なんていう、信じられないような悟りを開いてるからねえ。まあ、〝ハニートラップ〟だよなあ。

「中国のスタンス」に立つことが真実なのか

小林　いや、なぜ、これを申し上げているかといいますとね、これから、選挙報道についてもお訊きしますが、一般《いっぱん》に左翼《さよく》系と言われながらも、中日新聞だけ突出《とっしゅつ》しているんですよ。

小出宣昭守護霊　突出なんかしてませんよ。

小林　突出しているんです。

小出宣昭守護霊　非常に中道《ちゅうどう》を歩んでますよ。

小林　さっきのオスプレイの話へ戻しますと、朝日とか、いろいろなところでも分かっていますよ。「あれが、沖縄などに配備されたら、中国が嫌がる」ということは分かっているけれども。

小出宣昭守護霊　「それが分かる」っていうのは……。

小林　日本の新聞だから、さすがに「中国が嫌がるから反対する」とは書きませんよ。

小出宣昭守護霊　うーん。

小林　だから、「オスプレイは、安全性に問題があるから反対する」と書いているのに、中日新聞のみ、堂々と、まあ、「のうのうと」とは言いませんが、ストレートに、「そんなことをやると、中国の機嫌《きげん》を損《そこ》ねるからやめろ！」というような記事を平気で書いてくるんですよね。

小出宣昭守護霊　だってさあ。

じゃあ、言うよ。言うぞ！　言うぞ、言うぞ、言うぞ。

小林　はい。どうぞ、どうぞ、どうぞ。

小出宣昭守護霊　何言ってんだよ。朝日とかが、「安全性に問題がある」って言うけど、それは虚偽《きょぎ》だよ。

つまり、空を飛ぶものの、飛行機の落ちる確率から見て、全然、異常性がないからさ、オスプレイが落ちた回数ぐらい。

小林　そうですね。

小出宣昭守護霊　いや、まったく問題ないよ。だから、問題があるのは、「中国との関係」だけだよ。

小林　そうですね。

小出宣昭守護霊　だから、それは真実じゃないよ。真実を書いたのは、中日新聞だけで、あとは真実じゃないんだよ。嘘《うそ》だ、嘘、嘘！

小林　ああ。ということは、あなたは、「中国のスタンスに立つことがあるべき姿だ」と思っているわけですね？

小出宣昭守護霊　自動車事故より多かったら、それは、すごい問題だけどな。自動車事故より、はるかに、はるかに少ないんだから。

「日本の未来は北京《ペキン》政府が決める」と断言

綾織　実際、北京《ペキン》に何回も行かれて、何を言われているのですか。どういう報道をしろと……。

小出宣昭守護霊　いや、親交を深めてるだけじゃない？　お互いに親交を深めてる。あんたがたみたいな者とでも会うぐらいだから、北京みたいな偉大《いだい》な大国家の首都には、それは行くだろうよ。見たいじゃない？　どういうふうに発展してるか。どういう方針を持ってるか。知りたいじゃない？　それは、日本の未来がかかってることやから。日本の未来は、北京政府が決めるんだから。

小林　あ、日本の未来は、北京政府が決めるのですか。

綾織　ああ、なるほど。

小出宣昭守護霊　そう。「北京政府の意向を、ちょっとでも聞き取る」っていうことは、マスコミ人にとっては、未来を見ることに当たるわな。

小林　つまり、「北京政府に未来がある」と？

小出宣昭守護霊　うーん。

河村《かわむら》名古屋市長の発言は「世界を敵に回すので困る」

小林　では、お訊きします。南京大虐殺《ナンキンだいぎゃくさつ》に関しては、どう思われますか。

小出宣昭守護霊　それはあったんでしょう。「ある」って向こうが言ってるんだから。

小林　学問的には「ない」ということで、ほぼ確定しているんですけれども。

小出宣昭守護霊　そんなのは知らないよ。人が信じる以上、「ある」んだよ。だから、幽霊《ゆうれい》は信じる人がいたらいて、信じる人がいなきゃいないんだよ。

小林　いや、それは事実判断の問題です。

また、当会でリモートビューイング（遠隔透視《えんかくとうし》）した結果でも、「ない」ことが明らかになったのです（『従軍慰安婦《じゅうぐんいあんふ》問題と南京大虐殺は本当か？』〔幸福の科学出版刊〕

参照）。

小出宣昭守護霊　それはねえ、駄目《だめ》なんだよ。議席も取れないような宗教の信用度はない。

綾織　それは関係ないです。「真実かどうか」の問題ですから。

小林　非常に不思議だったのは、昨年、名古屋の河村《かわむら》市長が、バランスの取れた的確な発言をされていました。

小出宣昭守護霊　ああ、ああ。

小林　つまり、「南京大虐殺は本当にあったのか。よく検証する必要があるのではないか」という、非常に真っ当で常識的な発言をされたら、集中砲火《ほうか》を浴びたのですが、どう見ても、先頭に立って叩《たた》いていたのは、中日新聞に見えました。あれは、なぜなのですか。

小出宣昭守護霊　いやあ、やっぱりねえ、中部っちゅうか、名古屋発信で、ああいうことをされたら困るわな。

小林 「困る」って、誰がですか。

小出宣昭守護霊 だから、大阪《おおさか》の橋下《はしもと》市長を見なさいよ。従軍慰安婦問題で偉そうに言うたら、結局、袋叩《ふくろだた》きにあって、維新《いしん》まで逆風が吹《ふ》いただろ？ だから、名古屋発信で、ああいうことを言われたら、世界を敵に回してしまうじゃないか。困るじゃないか。私たちも国際都市を目指してるんだからさあ。

綾織 結局、中国の側も、名古屋市長の発言については、まともな反論はできませんでしたよ。

小出宣昭守護霊 中国人の買い物客が、中部国際空港に来なくなるじゃないですか。

「『朝日が書いたもの』は書いても構わない」が左翼《さよく》スタンス

綾織 その後、あなたご自身のコラムも書いていらっしゃるのですけれども。

小出宣昭守護霊　あんたら細かいなあ。よく調べる。

綾織　「戦時中、朝鮮《ちょうせん》半島で、青年や女性たちが、無理やりトラックに乗せられて拉《ら》致《ち》された」というように書いてあるんですよね。これは、従軍慰安婦のことも入っているいると思いますが。

小出宣昭守護霊　うん、うん。まあ、そうだなあ。

綾織　これは、あなた自身が書かれていることなので、「戦時中に、日本がそういうことをやった」という認識なんですね？

小出宣昭守護霊　基本的にはですねえ、左翼《さよく》スタンスとして、「朝日が書いたもの」は書いても構わないんだよ。

綾織　「朝日に書いてあるもの」を書いている？

小出宣昭守護霊　ああ、「朝日に書いてあるもの」は書いても構わないことになってるんだよ。

綾織　ほう。それだと、中日新聞には、全然、主体性がない状態ですが、それでいいのですか。

小出宣昭守護霊　全然、責任はない。朝日が責任を取るべきで、「朝日が書いたもの」については書いても構わないことになってます。

綾織　確かに、従軍慰安婦の問題は、朝日が書いていますよね。

小林　要するに、「裏を取っていない」ということですね?

小出宣昭守護霊　「朝日が書いたもの」については、毎日もオッケー、東京新聞もオッケーなんだよ。

小林　従軍慰安婦に関する朝日の捏造性《ねつぞう》については、白日《はくじつ》の下《もと》にさらされてしまいました。

今、朝日も、その件で逃げまくっているんですけれども、それに関しては、どう思われるのですか。

小出宣昭守護霊　「朝日が逃げてる」って？

小林　逃げ回っていますよ。

小出宣昭守護霊　まだ、朝日は潰れてないだろう？

南京大虐殺《ナンキンだいぎゃくさつ》記念館である以上、それは正しい？

小林　それから、南京大虐殺《ナンキンだいぎゃくさつ》については、「『あった』とも、『なかった』とも断定できません」というのが、今の朝日の公式な見解です。それに関して、どう思われるのですか。

小出宣昭守護霊　いやあ、でも、それは政府が認めたんだからな。うーん。政府がな。政府の談話があるんだから、それは朝日の問題じゃなくて、政府の問題。

小林　いや。ちょっといいですか。

小出宣昭守護霊　うーん。

小林　南京大虐殺に関して、政府は認めていませんよ。

小出宣昭守護霊　あ、そうか。でも、だいたい、村山《むらやま》談話を包括《ほうかつ》的に読めば、全部あったように見えるじゃないですか。「アジアの諸国民に悪いことをいっぱいしたんで、お詫《わ》びします」と。とにかく、全部謝《あやま》ってるんだから。

小林　要するに、自分では一切《いっさい》調べていないわけですね？

小出宣昭守護霊　「自分では」って言ったってさあ、やっぱり、そらあ、そうとう内部まで入らないかぎり分からないじゃない？　だけど、南京虐殺の記念館まであって、やっている以上だね……。

小林　記念館ぐらい、勝手にいくらでもつくれますよ。

小出宣昭守護霊　ええ？　そらあ、やっている以上、国家が責任を取ってるわけやからね。国民のほうが事実を知ってるんだろうからさ。それは、殺されたりした人のところが残ったりしてるんだろうから、その人たちを疑わないんだったら、それで正しいんだろうよ。

小林　まあ、その記念館に出ていた本多勝一《ほんだかついち》さん絡《がら》みの捏造《ねつぞう》写真を、記念館側は引っ込めてしまいましたけどね。

小出宣昭守護霊　うーん、まあ、そらあ……。

4 「反原発」にこだわる理由

「南海トラフ地震《じしん》」で浜岡《はまおか》原発がやられるから？

綾織　あと、社論として気になるところが原発問題ですよね。東京新聞や中日新聞だけが、異常に「反原発」のスタンスに立っておられます。

小出宣昭守護霊　浜岡《はまおか》原発かな？

綾織　はい。静岡にありますね。

小出宣昭守護霊　ああ。次は、南海トラフ地震《じしん》で脅《おど》しまくられてるんじゃない？　全国的に。「次は、南海やでえ」って。そしたら、浜岡がやられるじゃんか。そしたら、中日新聞は潰《つぶ》れる恐《おそ》れがあるじゃない？

小林　浜岡原発の話題を出されたので、お訊《き》きしたいのですが、あのとき、確か経産大臣だった海江田《かいえだ》さんは、再稼働《かどう》のほうに向けて動いていましたよね。しかし、土壇場《どたんば》の逆転で止められてしまったんですよね。

小出宣昭守護霊　うーん……。なんか、海江田はかわいそうな人だよ。どうせ、この本が出るころには、(民主党代表を)辞《や》めてるかもしんないけど。まあ、辞める話になってるだろうと思う。

小林　いや、「何を申し上げているか」というと、当時、報道をそちらの方向へ引っ張ったのは、中日新聞でしょう?

小出宣昭守護霊　うーん。まあ……、いや、海江田はねえ、あれは嘘《うそ》つきよ。基本的には、党首を任されたから、しかたないので、民主党の立場で言うてるけど、本心は、全然違《ちが》う。

綾織　そうでしょうね。

小出宣昭守護霊　嘘つきだ。まったくの嘘つきで、「自民党でやれるんなら、自民党でもやる」っていうような人だから。

綾織　それは、分かります。

ただ、原発については、東京新聞や中日新聞だけ、異常性があるんですよね。

小出宣昭守護霊　何が異常なの？　全部、全国的に反対してるじゃない？

綾織　いやいや。それはそうなんですけれども。

小出宣昭守護霊　選挙が近くなるにつれて、みんなで反対し始めてる。

綾織　そのなかでも、東京新聞、中日新聞では……。

小出宣昭守護霊　いや、それは、やっぱり、南海にあんな〝マグニチュード9・0〟が来て、ウワーッとやられたら、浜岡は大変なことになる。

原発を稼動《かどう》させないのは「中国に白旗を揚《あ》げるため」

綾織　浜岡原発だけではなくて、もっと別の狙《ねら》いがあるのではないですか。

小林　浜岡原発以外にも、北海道や九州のほうなどについても、ずいぶん発信されていますよね。

小出宣昭守護霊　うーん、まあ、それはなあ、北朝鮮《きたちょうせん》や中国が、どうしても狙おうとしてるんで、東京・大阪《おおさか》は、まあ、逃《のが》れられないだろう。うん。これはしかたがない。しかしねえ、やっぱりねえ、名古屋は残さないかんと思うんだよな。

綾織　そのために言っているのですか。

小出宣昭守護霊　うん。だから、橋下の大阪遷都《せんと》なんて、ありえない話だが、名古屋遷都はあってもええな。

小林　では、名古屋を残して、事実上、中国の支配下に入ったら、自分たちが……。

小出宣昭守護霊　うん。日本の〝へそ〟なんだからさあ。それに、私らは、愛知県だけでなくて、三重だの、岐阜《ぎふ》だの、いっぱいテリトリーを持ってるから、どこにでも本社を移動していける。だから、生き残れるんだ。絶対、生き残るんだ。

小林　「生き残って、中国政府と手を結ぶ」と？

小出宣昭守護霊　うーん、まあ……、それは、そのときの相談にもよるわなあ。

小林　でも、「撃《う》ち込《こ》まれた」というのは、基本的に「サレンダー（降伏《こうふく》）する」ということと同じですよ。相談も何も……。

小出宣昭守護霊　だから、まあ、いちおう、「原発があるところは狙われるんじゃないかなあ」っちゅう気はするからなあ。要するに、「原発を稼働《かどう》してない」っていうことは、「中国に対して白旗を揚《あ》げた」っていうことだからさ。

小林　なぜ、原発を稼働しないことが、中国に対して白旗を揚げたことになるわけですか。

小出宣昭守護霊　結局、原子力から撤退《てったい》することで、そういう、「軍事大国化を目指さない」という意思表示をしたのと一緒《いっしょ》になるわけよ。

綾織　中国に対して白旗を揚げるために、国防についても、原発についても、いろいろな言論を出しているわけですね？

小出宣昭守護霊　だから、日本が原子力空母だとか、原子力潜水艦《せんすいかん》だとか、あるいは、核《かく》ミサイルだとか、こういうものを全部装備し始めたらさあ、中国とは、もはや絶交状態になるよ。確実だよな。

綾織　はい、はい。

小出宣昭守護霊　安倍《あべ》政権は、長期政権なんかになったら、そちらのほうへ絶対持っていくに決まってるからさあ、これは早めに落とさないといかんわなあ。

「天皇陛下が中国へお詫《わ》びに行くべきだ」と主張

小林　それで、また議論に戻《もど》るんですけれども、「民主党政権下で、百発とも言われている核ミサイルのロックオンを解除されなかった」ということに関しては、どう考えるのですか。
つまり、すでに核で狙われているんですよ。

小出宣昭守護霊　いや、それはねえ、天皇陛下がねえ、中国に対してねえ、お詫《わ》びに行かないからだと思うの、私は。

綾織　ああ、お詫びに行かせたい？

小出宣昭守護霊　うんうん。やっぱり、天皇陛下がお詫びに行くべきです。中国国民に対して、北京《ペキン》から南京《ナンキン》まで、ずーっとお詫びに回らなきゃいけないと思うな。
そして、遺族の方々に謝罪して回ったら、ロックオンを外してくれるんじゃないかなあ。

小林　そうしますと、いわゆる、先の戦争の中国戦線での日本の「進出」に関して、「ほとんどが、国民党のなかに紛《まぎ》れ込んでいた共産党スパイの策動などによって、日本の軍隊が中国大陸に引きずり込まれていった」という史実（いわゆる「盧溝橋《ろこうきょう》事件」など）が、今、だんだん明らかになりつつあるんですけれども、それが、全面的に分かった段階では、どうされるのですか。

小出宣昭守護霊　君の言うことは、よく分からんなあ。

「〝神〟が導く中国に友好を謳《うた》え」と勧《すす》める

小林　要するに、「お詫びをするのは、中国のほうではないのですか」ということを申し上げているんです。

小出宣昭守護霊　だって、中国は、あれだけ隆々《りゅうりゅう》と発展してるじゃない？　〝神〟のお導きを得てるのよ。

小林　〝神〟？

小出宣昭守護霊　うーん、だから、発展してるんじゃないの？

小林　つまり、マルクスの？

小出宣昭守護霊　〝神〟は、ソ連で失敗したので、次は中国で成功しようとしてるじゃん。

綾織　最終的には、中国に対して無血開城をしていくことが目的なのですか。

小出宣昭守護霊　無血開城も何も、中国から見たら、日本なんか、ちょっとした島じゃない。日本から見た淡路島《あわじしま》みたいなものなんだから。全日本から見れば、淡路島みたいなものが日本なんだから。中国は、あの程度にしか見ていないんだから、本当はどうでもいいのよ。

だから、こちらも、ただただ友好を謳《うた》うのがいちばんなの。

綾織　ああ、なるほど。それで、日本を中国の自由にしてもらうと？

小出宣昭守護霊　頭のいい人は、そうするの。「戦って勝てる」なんて思ってる人は、破滅《はめつ》型の人間なの。

綾織　では、チベットやウイグルなどと同じような状態に行けばよいと……。

小出宣昭守護霊　うん。そうそうそう。まあ、そういうふうになるから、ただただ友好でいくことやな。

綾織　なるほど。

小林　ウイグルもチベットも、そういうあなたみたいな人たちが中国を引き込んで、何百万人も殺されたんですけどね。

小出宣昭守護霊　まあ、あれは経済力が全然ないからな、あんなところはね。だから、むしろ、中国は持ち出しが多くて苦しいんじゃないかな。

小林　（苦笑）

小出宣昭守護霊　ああいうところを吸収したために、経済の発展がちょっと鈍《にぶ》くなってるんじゃないかなあ。

小林　だからといって、百万人を殺す理由にはなりませんよ。

小出宣昭守護霊　人が減ったほうが、食料は少なくて済むじゃないか。

小林　ああ、「人減らしが目的だった」というわけですね。

小出宣昭守護霊　うーん。それはそうだろう。昔から、そりゃあ、そうよ。飢饉《ききん》のときは、人減らしじゃんか。

中国が日本を吸収すれば、「北朝鮮《きたちょうせん》の人たちにお米が回る」

小林　中日新聞は、そういう国と組もうとしているわけですね？

小出宣昭守護霊　いや、それは、日本の経済力を一部入れてやることによってだな、中国の経済で、まだ、おこぼれにあずかってないところも食べれるようになる可能性があるじゃないか。

例えば、中国が日本を吸収してしまえばだなあ、北朝鮮《きたちょうせん》の、恵《めぐ》まれない、食べれない、飢《う》えている人たちにも、お米が回るようになるかもしれないじゃないか。

今、日本政府は、公式にアメリカに首根っこをつかまれてて、北朝鮮に米をあげたくても、あげれない状態だから、中国経由であげればいいじゃない？

小林　それは、「日本の農村の財産が略奪《りゃくだつ》される」ということを意味しているんですよ。それについては、どう思われるのですか。

小出宣昭守護霊　いやあ、日本なんかにはねえ、ほんとは農村は要《い》らないんです。ほんとは、要りやしない。

小林　あ、農村は要らない？

小出宣昭守護霊　うん。基本的には要らないの。

小林　要らない？

小出宣昭守護霊　そんなものは、もう、アジアでやりゃあいいのよ。アジアでつくりゃあいいんだよ。

小林　長野県とか北陸のほうとかで、ずいぶん新聞のシェアを持っておられますよね？

小出宣昭守護霊　ああ、そのへんがあるのは、ちょっとまずいな。今のは、ちょっと……、若干《じゃっかん》、修正だ。

あのー、高付加価値農業以外は要らない。「要らない」っていうか、高機能農業に変えていく。

小林　要するに、「部数至上主義だ」ということが、よく分かりました。

小出宣昭守護霊　うーん、うんうん。

5 北朝鮮《きたちょうせん》・韓国《かんこく》を擁護《ようご》する姿勢

日本から一万人の技術者が移民すれば、北朝鮮《きたちょうせん》は発展した？

小林　少し話題を変えますが、北朝鮮《きたちょうせん》に関しては、どう思われますか。

小出宣昭守護霊　まあ、哀《あわ》れな国ではあると思うよ。私は同情を禁じえないねえ。

小林　同情を禁じえない？

小出宣昭守護霊　うーん。だからねえ、もう……。

小林　数十万人がいる強制収容所の問題は、どう思われますか。

小出宣昭守護霊　まあ、昔のハイジャック事件なんか、古いから知らんかもしらんけど……。

小林　いえいえ。よく存じ上げています。

小出宣昭守護霊　「よど号ハイジャック事件」なんていう、日本赤軍《せきぐん》が北朝鮮に亡命したやつがあったけどな。あのときに、日本から北朝鮮に大量に移民したらよかったんじゃないかなあ。そうしたら、北朝鮮はもっといい国になっていたよ。

小林　北朝鮮に移民させたほうがいい？

小出宣昭守護霊　うん。そうしたら、いい国になってたよ。日本から、やっぱり一万人ぐらいですかなあ……。

小林　一万人（笑）。

小出宣昭守護霊　技術者を北朝鮮に連れていっていたら、もっと発展したと思うんだけどなあ。

小林　ああ、そうですか。

「北朝鮮《きたちょうせん》の拉致《らち》問題は解決済み」というスタンス

小林　そうすると拉致《らち》問題に関してはどう思われますか。

小出宣昭守護霊　拉致問題って、もう終わったことはしかたがないんだよ。うん。

綾織　まだ終わっていませんよ。

小林　終わっていません。まだ捕《つか》まっていますよ。

小出宣昭守護霊　まあ、死んだことになってるんじゃないの？　みんな、もう。

綾織　いいえ、なっていません。

小林　これは本になりますので、発言は慎重《しんちょう》にされたほうがいいのではないかと思うのですけれども。

小出宣昭守護霊　いや、いちおう、もう死んだんだよ。だから、「戦争で死んだ」と思ったらいいんだよ。

小林　その発言で本当にいいのですか。これは活字になりますよ。

小出宣昭守護霊　君、脅《おど》すのうまいねえ。

小林　いえいえ、客観的な事実を申し上げているのです。

小出宣昭守護霊　まるで共産党の仲間みたいな言い方をするねえ。

小林　共産党のことをよくご存じなのですね。

小出宣昭守護霊　まあ、私は知識人だから、何でも知ってる。

小林　共産党のことについては、あとで訊《き》きたいと思います。ただ、拉致問題に関しては、「解決済みだ」というのが、中日新聞のスタンスなのですね。

小出宣昭守護霊　もう終わったんじゃないの？　だから、早く、日朝国交回復を、きちんとしなきゃいけないね。

綾織　それは、北朝鮮《きたちょうせん》が言っていることと、まったく同じですよね。

小出宣昭守護霊　うん。まあ、向こうの〝主席様〟がねえ……。

小林　主席様⁉

小出宣昭守護霊　ああ、認めたんだからさあ。

綾織　ほう、なるほど。

小出宣昭守護霊　「拉致してやった」と言ってるんだからさあ。まあ、彼らは誇《ほこ》り高い民族だから謝《あやま》りはしないだろうけど、「拉致した」と認めたということ自体が、もう謝罪行為《しゃざいこうい》なんだ。そう思って解釈《かいしゃく》してやらねばいかんわけよ。

金正恩《キムジョンウン》を「福の神」と称賛《しょうさん》する

綾織　金正日《キムジョンイル》総書記については、どう思われていたのですか。

小出宣昭守護霊　え？　金正恩《キムジョンウン》は若いのによく頑張《がんば》っとるじゃないか。

綾織　あ、金正恩のほうですね。はいはい。

小出宣昭守護霊　ああ、どっち？　正日？

小林　若いほうで結構です。

小出宣昭守護霊　あ？　ああ、三十ぐらいで、頑張ってるじゃない。

小林　頑張っていると？

小出宣昭守護霊　戦国の武将たちも、あんな感じで国を建てたんだろうなあ。

綾織　はいはい。

小出宣昭守護霊　いずれ、韓国を統合して、統一朝鮮をつくることだろうな。

綾織　そちらのほうがいいわけですね。

小出宣昭守護霊　もちろん！　あの若い人に期待をかけてるよ。

綾織　ああ、期待をかけているんですね。

小出宣昭守護霊　当ったり前じゃないか。

小林　「北朝鮮が韓国を占領《せんりょう》したほうがいい」という価値判断ですか。

小出宣昭守護霊　いい人じゃないか。三十ぐらいで福々しい福相だ。福の相が出てる。

小林　そうですか。

小出宣昭守護霊　なんか、頭がよくて、人気もあるような感じだから。

綾織　人気はないと思いますけどね。独裁体制ですから。

小出宣昭守護霊　ああいう福の神みたいな人に治めてもらえば、朝鮮も、ちょっとは、ましになるんじゃないかな。

急に態度を変えて平気な小出氏守護霊《しゅごれい》

小林　念のために、武士の情けで、もう一回だけ申し上げますけど……。

小出宣昭守護霊　あ、ああ。

小林　全部、活字になりますのでね。

小出宣昭守護霊　ああ、そう。いや、それは君たちの本の信用が落ちるだけだ。「中日新聞の社長が、こんなバカなことを言うわけがない」ということで（会場笑）。

綾織　「バカなこと」ですか。

小林　（笑）

小出宣昭守護霊　この霊言の信用をなくして、幸福の科学が潰《つぶ》れるように言ってるわけよ。

小林　ちなみに、すでに、朝日新聞の社長（当時）や、読売新聞の渡邉恒雄《わたなべつねお》氏、ナベツネさんも出ていますが（月刊「ザ・リバティ」二〇〇三年十月号、『ナベツネ先生天界からの大放言』〔共に幸福の科学出版刊〕参照）、ご本人たちは「事実」と認めているんですよ。

小出宣昭守護霊　ああ、そうか。

小林　これが客観的現実です。

小出宣昭守護霊　わしのは、どうなんだろうなあ。まあ、わしのなんかさあ、君らねえ、そんなものありえないだろうが。大「幸福の科学」がさあ、そんなねえ……。

小林　急に態度が変わりましたね。

綾織　さっきは、「うじ虫」と言っていましたけどね（会場笑）。

小出宣昭守護霊　保育士屋あがり（参院選・愛知選挙区の中根裕美《なかねひろみ》候補を指す）を一人当選させるかどうかのためにさあ、大「幸福の科学」の大教祖が、そんな応援《おうえん》のために、わざわざ真実を捻《ね》じ曲げてまで中日新聞を潰そうなんていう運動をするはずがない。

綾織　いや、潰そうとしているわけではありません。

小出宣昭守護霊　大川隆法っていう人は、本当に公正中立な方だ。日本の鑑《かがみ》みたいな人が、絶対、そんなことはしない。

編集部が、良心的に、あなたの誘導尋問《ゆうどうじんもん》を、ちゃんと削《けず》るに違《ちが》いない。

小林　最初の発言と、今の発言を並べて比べてみると面白《おもしろ》いでしょうね。

北朝鮮《きたちょうせん》が核《かく》ミサイルを撃《う》つ可能性

小林　話を戻《もど》しますが、北朝鮮《きたちょうせん》の核《かく》ミサイルの脅威《きょうい》に関しては、どう思われますか。

小出宣昭守護霊　いや、撃《う》てやしないよ。撃つわけないいじゃない。撃ったら国が滅《ほろ》びることぐらい分かってるよ。そんなの、やるわけない。騙《だま》されるなよ、まだ「遊び」なんだから。「火遊び」なんだ。ただの「打ち上げ花火」なのよ。

小林　遊びだと？

小出宣昭守護霊　ただの打ち上げ花火なんだ。打ち上げ花火を上に上げてくれれば別に問題はないんだけど、打ち上げ花火を横や斜《なな》めに打たれたら、民家に入ることもあるから、それはちょっと困る。まあ、それだけのことだよ。

だって、あんな核ミサイルを、もし本当に、韓国なり、日本なりに撃ち込《こ》んだらだよ？　この近所にはアメリカがサメみたいにうようよいるんだからさあ。やっぱりアメリカの第七艦隊がいる以上、何かするだろうよ。

もし、東京だの何だのですごい被害《ひがい》を出したら、アメリカが来てさあ、もうタダでは済まぬことぐらい分かってるからさあ。

綾織　仮に撃たなかったとしても、核ミサイルを持つところまで来ているわけですから、いくらでも脅せるわけですよね。日本を脅せるし、韓国も脅せます。

小出宣昭守護霊　いやあ、使い方としては、たぶん中国の代理として使うのが最初だろうね。

小林　そうですね。

綾織　はいはい。

小出宣昭守護霊　中国が撃つとアメリカと戦争になるから、まあ、戦争になってもいいのは北朝鮮だと思って、中国が打つ前に撃たす。

小林　そうでしょうね。

小出宣昭守護霊　中国の前座として撃つだろうね。うーん。

小林　だから、撃ってくるんですよ。

小出宣昭守護霊　うん。撃つかもしれないねえ。

小林　撃つかもしれませんね。

小出宣昭守護霊　うん、うーん。

小林　どうするのですか。

小出宣昭守護霊　うーん。そのときには、だから……。

小林　名古屋に飛んできたらどうするのですか。

小出宣昭守護霊　今の韓国の大統領は、即日《そくじつ》、降伏《こうふく》する。今の女性大統領は、もう完全に降伏するから。

中国に電話して……、まあ、命があればだけどもね。中国に電話して、「習近平《しゅうきんぺい》さん、この前、お付き合いしたじゃないですか。北の核を止めてください」と言って、「いや、独立国なので口を出せません」と、つれない返事が来たら、もうそれで白旗ですよ。韓国は、それで併合《へいごう》されます。

トヨタを引きずり込《こ》もうとする中国の思惑《おもわく》

小林　あの、一点いいですか。

小出宣昭守護霊　うん。

小林　名古屋には、トヨタ自動車とか、三菱《みつびし》電機とか、米軍に部品を供給している工場がたくさんあるので、十分に攻撃《こうげき》対象になるのですけれども、そこにいきなり撃ってきたらどうするのですか。

小出宣昭守護霊　やっぱり中国から見たら、「トヨタは潰さないといかん」と思うかなあ。でも、トヨタは中国にも工場があるから、トヨタをもっと中国に出させて、日本のほうが潰れても中国だけは生きていけるようにする。まあ、経営ノウハウだけをちゃんと押《お》さえれば、自分たちで完全にやれるもんなあ。

小林　うーん。そうですね。

小出宣昭守護霊　中国大陸は広くて、車がたくさん走れるからねえ。潜在需要《せんざいじゅよう》は、ものすごく大きいわなあ。

だから、日本のトヨタが潰れても、中国のトヨタのほうが大きくなっていく。名前は当然変えますけどもね。そういうことで、今、吸収に入ってるけれど、トヨタは慎重で、ちょっとずつしか出してこないので、もうちょっと引きずり込《こ》みたいだろうねえ。

小林　そう見ているわけですね。

小出宣昭守護霊　うん、たぶんね。工場をちょっと出してるだけで、少ししかやらないねえ。

小林　うんうん。

小出宣昭守護霊　トヨタは、リスクを考えて、逃《に》げることを考えてるからさあ。もうちょっと大胆《だいたん》に、能天気に、やっぱりユニクロぐらいの勇気を持たないと駄目《だめ》だよ。

小林　それが、中日新聞の意見だと？

小出宣昭守護霊　うん、そうそう。ユニクロぐらい勇気を持って、もう、潰れるかどうかの社運を懸《か》けてやらないと……。

小林　社運を懸けて、財産を巻き上げられろと？

小出宣昭守護霊　うん。そうそうそう。

小林　ああ、そうですか。分かりました。

小出宣昭守護霊　そのくらいやればいいのよ。社運を懸ければいいのよね。

小林　うーん。

小出宣昭守護霊　そこまで入り込んだら、もう一心同体だからさあ、戦争も何もなくなるんだよ。もう兄弟だよ。な？

「従軍慰安婦《じゅうぐんいあんふ》問題」について、韓国《かんこく》をかばう

小林　考え方をレビュー（論評）する意味で、細かな点について、あと一、二点お訊きしたいのですけれども、韓国《かんこく》の従軍慰安婦《じゅうぐんいあんふ》の問題に関しては、どのように思われますか。

小出宣昭守護霊　うーん。まあ、わしは、年齢《ねんれい》的に見て、戦争の最後というか、日本がボロ負けになってき始めたころに生まれたことになる。

一九四四年生まれだから、終戦のときに一歳《さい》であるからして、わしはその女性に手を出した覚えはないから、何ら天に恥《は》じることはないけども、まあ、いろいろと聞いた結果によれは、みんな、「エスニック（異国風）というか、外国の女性は、当時の痩《や》せていて足の短い日本人女性よりも、よかった」っていうのがいっぱい耳に入って

はきたな。

小林　先ほど申し上げましたように、学問的には、「従軍慰安婦」というものはなかったことが、ほぼ立証されたのですが、そこに関してはどのようにお考えでしょうか。

小出宣昭守護霊　うーん。「学問的に」っていう意味が、よくは分からんけども、韓国があれだけしつこく、「あった」とやっていて、韓国の政府が後押しし、外務省が後押しして、従軍慰安婦の碑《ひ》を、今、アメリカからドイツまで、いろいろなところに建てようとしているんでしょう?

綾織　今、そういう方向になってきています。

小出宣昭守護霊　これが、もし嘘《うそ》だったら、韓国は大恥をかくじゃないですか。やる以上、向こうはちゃんとした証拠《しょうこ》を持っているんですよ。

綾織　いやいや、証拠はないんですよ。

小林　「証拠はなかった」ということが、韓国の大学教授によって立証されたのです。

小出宣昭守護霊　いやあ、韓国政府は、韓国人の良心を信じているんですよ。「年を取った人たちは嘘はつかない」ってね。

韓国は儒教《じゅきょう》の国だから、間違いなく年寄りを尊敬していて、年寄りは正しいことを言うし、韓国は儒教の国だから、操《みさお》を守らなきゃいけないので、「結婚《けっこん》前に操を奪《うば》われる」っていうことは絶対に許されないことだから、「その心の傷は、一生、忘れない」ということに対して、みんな信じてるわけよ。

小林　しかし、ハッピー・サイエンス（幸福の科学）が、「あれは嘘だ」ということを明らかにして（『神に誓《ちか》って「従軍慰安婦」は実在したか」〔幸福実現党刊〕参照）、それを韓国大使館に通知したら、その次の日には、パッと手のひらを返したように、〝従軍慰安婦〟を日本から引き揚《あ》げましたよ。要するに、「嘘だ」という自覚があるわけでしょう?

小出宣昭守護霊　いやあ、違うんだ。韓国大使館はねえ、ハッピー・サイエンスなるものを右翼《うよく》の隠《かく》れ秘密結社だと見ているんだよ。だから、「これは危険だから、気をつけなければいけない」と、いったん警戒態勢《けいかいたいせい》を敷《し》いたに違いない。どこと組んでいるか分からないからさ。

あるいは、安倍《あべ》政権の手勢かもしれないからね。安倍の秘密部隊、特殊《とくしゅ》部隊かもしれないから。

小林　秘密部隊というよりは、〝家庭教師〟ですけどね。

小出宣昭守護霊　まあ、韓国が退《ひ》いたと思ったら間違いで、今、逆襲《ぎゃくしゅう》の知恵《ちえ》を練っているところだよ。

小出氏の編集局長時代のコラムに見る「異常性」

小林　なぜ、こうした質問をしているかと言えば、これも、あなたの編集局長時代のコラムに出ているのですけれども、「日韓問題には、特別な要素があるのだ。自分は、『日本は韓国に謝るべきだ』というような考え方に関しては」……。

小出宣昭守護霊　良心だねえ、良心。

小林　「たとえ『天動説だ』と非難されようとも、絶対に信念を変えない」ということを述べています。

小出宣昭守護霊　ああ、ケプラーだねえ。ガリレオだねえ。うわあ。

小林　これを、現役《げんえき》の編集局長が名前入りで書いているんですよ。

小出宣昭守護霊　社会科学の立場だな。

小林　これは、かなりの異常性がありますね。

小出宣昭守護霊　科学性があるね。

小林　いや、異常性があるんです。

小出宣昭守護霊　マルクス・レーニン主義というのはね、空想的社会主義から、科学的社会主義へ移行して、発展したものなんですよ。

小林　そういうロジックで逃げるわけですね。

小出宣昭守護霊　うーん。

小林　やはり、本心からそう思っておられるわけですね。

小出宣昭守護霊　まあ、やっぱり、正しいんじゃないの？　もし中国が潰れたら、君らの説が正しいと認めるよ。

だけど、ロシアはねえ、いや、ロシアというか、ソ連はねえ。要するに、ソ連が崩《ほう》壊《かい》したから、マルクス・レーニン主義が間違っていたように言うけど、それは間違いなんだよ。アメリカをギリギリまで追い込んでいたのね。アメリカも「双子《ふたご》の赤字」で本当に潰れる寸前まで行っていた。

ソ連は、戦後の五カ年計画や十カ年計画等がずーっと当たって、人工衛星もソ連のほうが先に打ち上げたから、「アメリカは負ける」というので、ケネディ以下、もう必死になって巻き返しを図《はか》ったんだよ。

だから、本当はソ連が勝つ可能性もあったんだけど、ゴルバチョフというバカなのを一人出してしまったために、結局、負けちゃったんだよなあ。

小林　ソ連の話はいいとして、先ほど、「中国が潰れたら、君たちの意見を認めるよ」とおっしゃいましたけれども……。

小出宣昭守護霊　うん、うん。

小林　中国が潰れずに、そのまま行ったら、日本が潰れるんですよ。

小出宣昭守護霊　うーん？

小林　中国の支配下に置かれるわけです。そのことに関して、どう思われるのですか。

小出宣昭守護霊　なーに言ってんのよ。君、もう二十年後《おく》れてるよ。あのねえ、二十年前には、日本経済は中国の十倍はあったのよ。中国全体のＧＤＰは東京都ぐらいしかなかったの。

それが二十年間で逆転されてんのよ。これがどうなるか、もう、先は見えてるでしょう？

小林　まあ、日本の経済政策がまずかったんですけれどもね。それについては、別途やります。

6 「中日新聞」への改名の真相

社名変更《へんこう》に込《こ》めた願い

小林　昔の話に戻《もど》されたので、もう一つ追加で質問させていただきますが、非常に興味深いことに、日中国交回復の前年である一九七一年に、なんと、中日新聞社は社名の変更《へんこう》をされていますよね。

小出宣昭守護霊　うーん？

小林　社名というのは、コーポレート・アイデンティティーと言って、実に重要なことではありますが……。

小出宣昭守護霊　ああ、中国に……。

小林　そうそう。日中国交回復の前年に、「中部日本新聞社」から「中日新聞社」へと、わざわざ名前を変えています。

小出宣昭守護霊　朝日新聞も、朝日《ちょうにち》新聞と言われると、なんかうれしいらしいじゃない。だから、うちも中日新聞と……。

小林　そう言われて、うれしいと?

小出宣昭守護霊　朝日《ちょうにち》新聞より中日新聞のほうが、なんか大きそうじゃないか。

綾織　つまり、中日の「中」は、「中国」ということでいいんですね。

小出宣昭守護霊　「中国と日本の懸《か》け橋になりたい」っていうことだなあ。

綾織　ああ……。

小出宣昭守護霊　朝日《ちょうにち》新聞は、「北朝鮮《きたちょうせん》と日本の懸け橋になりたい」っていうことだろうけど。

小林　要するに、「中国の日本支社新聞」という趣旨《しゅし》ですか。

小出宣昭守護霊　「日本支社」って、何言ってんですか。中国の日本本社ですよ。

綾織　まあ、考え方は、だいたい分かりました。

中国共産党との関係を隠《かく》す日本共産党の不正直さ

小林　記録に残す意味で、あと二点だけ質問させてください。

一点目は、最初のほうで少し触《ふ》れられていたのですが、小出さんは、思想・信条として、日本共産党についてては、どう思われますか。

小出宣昭守護霊　まあ、私は、特定の政党を応援《おうえん》する気は、特にない。ない、ない、ない。

小林　いやいや。個人の信条として。

小出宣昭守護霊　個人の信条として？　うーん。日本共産党ねえ……。

小林　ええ、今の日本共産党について。

小出宣昭守護霊　やっぱり、日本共産党には、ちょっと、お灸《きゅう》を据《す》えなきゃいかんと思ってんのよ、私は。君らの予想とは違《ちが》ってね。

小林　ほう。どういうお灸を？

小出宣昭守護霊　「中国共産党と考えが一致《いっち》している」っていうことを、正式に述べるべきだと思うね。国民に対して不正直だと思う。

小林　うーん。

小出宣昭守護霊　まったく関係がないかのような言い方をしてるでしょ？

小林　そうですね。

小出宣昭守護霊　中国共産党とまったく関係がなく、日本共産党は、護憲・平和主義で、まるで資本主義の政党のような言い方をしてないか？

小林　していますね。

小出宣昭守護霊　あれは嘘《うそ》だろう。

小林　嘘つきだと？

小出宣昭守護霊　絶対、嘘だと思うんだよ。そのくらいは分かるよなあ。絶対、嘘だよなあ。マスコミ人なら、みんな分かる。そんなはずがないよなあ。絶対ありえないよ。彼らの本質は訓詁学《くんこがく》だから、マルクス・レーニン以下の古典に戻って、何度も何度も繰《く》り返し読んで反芻《はんすう》し、引用できる人ほど偉《えら》いんだ。

少なくとも、そういう古典を読んでいるということは、絶対に、中国と本質的に変わるはずがないわけであるからして、「自衛隊を国防軍にするのは反対」とか言ってるけど、「国防軍にするのは反対。日本共産党軍にするのは賛成」なんだと思うんだよ。それは言ってないだろ？　これは正直であるべきだよ。日本共産党軍にするつもりのはずだよ。

「代わりに中国軍と一体化して行動し、アメリカと相対峙《あいたいじ》します」と正直に言うべきだよ。

小林　そうですね。

小出宣昭守護霊　うん。それだったら嘘じゃない。

小林　珍《めずら》しく意見が一致しました。

小出宣昭守護霊　いや、これは一致しましたねえ。だから、私は、共産党はよくないと思う。

小林　なるほど。

小出宣昭守護霊　ああいうねえ、自民党の脇腹《わきばら》のなかに入って票をかすめ取ろうとする態度はよくない。

小林　けしからんですね。

小出宣昭守護霊　正々堂々と、「中国共産党の橋頭堡《きょうとうほ》として頑張《がんば》ってます」と、正直に言うべきですよ。

小林　おっしゃるとおりです。

小出宣昭守護霊　今の考えが正しいと思うんだったらね。

小林　ええ。ありがとうございます。

民主党政権と中日新聞の深いつながり

小林　もう一点は、二〇〇九年に偏向《へんこう》報道が問題になったときに、当時、名古屋本社のなかに……。

小出宣昭守護霊　「偏向報道」とは、社会的に認められていないでしょ？　そんなもん、

中根《なかね》（裕美《ひろみ》）一人が言っているだけじゃないか。

小林　まあ、いいです。それで、当時、「民主党の岡田克也《おかだかつや》幹事長の実弟《じってい》が、名古屋本社の幹部にいた」ということが問題になりました。

小出宣昭守護霊　いいじゃない、別に。

小林　その方は、なんと今、東京新聞の政治部長をされています。

小出宣昭守護霊　いいじゃない、別に。

小林　そういう見解であるわけですか。

小出宣昭守護霊　なーにがいけないのよ。個人の自由じゃない。思想・信条の自由ですから別に構わないよね。

小林　いえいえいいえ。普通《ふつう》と違って、岡田家というのは、ジャスコを通じて、家族ぐるみ、会社ぐるみで、実弟の方も加わって、民主党の応援をしているんですよ。

ここが、ほかの一般《いっぱん》の家族とは違うところです。

小出宣昭守護霊　そんなことはないよ。やっぱり大きな会社だから、能力があるかどうかを、みんなの目で判定されているし、それでも、そこに置いておくことに価値があると思われて上がっているんだから、それは別にいいじゃない。

小林　その「置いておくことに価値がある」というのは、民主党と……。

小出宣昭守護霊　だから、民主党政権が続いていたら、彼だって社長になったかもしれないんだからさあ。

小林　うーん。

小出宣昭守護霊　自民党政権下では社長にはなれないと思うけど、民主党政権だったら社長になれたかもしれないんだから。

小林　社長に引き上げるつもりだったわけですか。

小出宣昭守護霊　いちおう、そういう政権交代の可能性もあるわけだから、完全に切ることはできないし、やはり、温存しておかないといけないわけよ。
　分からないかなあ。

小林　まあ、これは、事実の指摘《してき》だけで、十分に価値がありますので。

小出宣昭守護霊　あのねえ、君ねえ、そういう偶然《ぐうぜん》はいくらでもあるのよ。世の中ねえ、そう先のことは分からない。採用のときには、そんな先のことまで考えてないから、そういうことはありえるよな。「たまたま、お兄さんがどうのこうのしたから、どうだ」っていうのは、人権無視じゃない。ええ？

小林　いえいえ、採用の段階で、岡田家の御曹司《おんぞうし》であることは厳然たる事実として分かりますよ。

小出宣昭守護霊　たとえ、あなたの兄弟が大阪《おおさか》でヤクザをやっていても、それで、あなたの地位が奪《うば》われるということは、一般にはないわけだよ。それをマスコミにすっぱ抜《ぬ》かれて、いろいろ書かれたら、あなたが広報にいられなくなることはあるけどね。

小林　いや。私が申し上げているのは、「きちんと情報開示をするべきではないか」ということです。この件について、隠して逃《に》げ回っていましたよね。そのことを申し上げているんですよ。

「総本山《そうほんざん》・未来館《みらいかん》」の土地購入《こうにゅう》への言いがかり

小出宣昭守護霊　あのねえ、幸福の科学の総本山《そうほんざん》・未来館《みらいかん》の土地は、ジャスコから買ったっていう話があるんだよなあ。そうしたら、あんたがただって関係があるかもしれないじゃないか。ええ？

小林　土地の購入《こうにゅう》が、どうかしたのですか。

小出宣昭守護霊　そりゃあ、ジャスコから譲《ゆず》ってもらうっていうのは、ちょっとおかしいじゃない？　なんか政治的な思惑《おもわく》があったかもしれないじゃないですか。

小林　ほお。

小出宣昭守護霊　あのとき、船田《ふなだ》（元《はじめ》）とかが、未来館建設の反対運動のほうに回ったじゃないか。「絶対、敵になる」と思ったんだろう。え？

小林　あれは船田さんが反対したのではなくて、栃木《とちぎ》の民主党系の人が反対したんですよ。その話には論理矛盾《むじゅん》があります。

小出宣昭守護霊　東京新聞は栃木でだって売ってるんだからな。情報がゼロだと思ったら大間違いだよ。

小林　ですから、反対したのは栃木の民主党系なので、その話には矛盾があるんです。

小出宣昭守護霊　うーん、まあ、そうだけど……。

小林　まあ、いいですよ。

小出宣昭守護霊　ええ?

7 「報道の自由」を盾《たて》にする

幸福実現党を報道しない「社長の価値観」

綾織　先日、弊紙《へいし》「ザ・リバティ」から中日新聞に取材をさせていただきました。幸福実現党についての報道が、あまりにも偏《かたよ》っているためです。

小出宣昭守護霊　いや、要《い》らない政党だよね。

綾織　その際、選挙調査室長がおっしゃるには、「中日新聞のニュースの価値判断に基《もと》づいてやっている」ということでした。

小出宣昭守護霊　うん。話題性がないんでしょう？　話題性が。

綾織　話題性だけではないと思いますが、ニュースの価値判断の部分については、あまりはっきりとはおっしゃらなかったのです。もちろん、「政党助成法に基づく政党要件」とか、「政治家としての実績」とか言っているのですけれども……。

小出宣昭守護霊　いや、彼女を傷つけないために、そうやってわざとフォーマルな条件で言ってくれてるの。それを理解しなきゃいけないよ。

綾織　今日のお話をお伺《うかが》いするかぎり、「社長の価値観に基づいて、『幸福実現党は報道すべきではない』という判断をされている」と考えてよいわけですね。

小出宣昭守護霊　当たり前だよ。

綾織　当たり前なわけですね。

小出宣昭守護霊　党首の矢内筆勝《やないひっしょう》というのか。なんか、森田必勝《もりたひっしょう》みたいな……。三島《みしま》(由紀夫《ゆきお》)の切腹に付き合ったのがおるじゃないか。三島の首を斬《き》った、三島の介錯《かいしゃく》をしたのが。

綾織　関係ありません。

小林　あまり党首のことを知らないのではないですか。

小出宣昭守護霊　ええ？　なんか、そんなのみたいな名前の人が出てきて、党首をして、尖閣沖《せんかくおき》に行ってさあ、中国人が聞いてるわけもないのに、サメに向かって、「島はやらんぞ！」なんて叫《さけ》んでるとかいう……。

綾織　ネットで配信されていますので、中国人も聞いていると思います。

小出宣昭守護霊　これは絶対、朝日にいて狂《くる》った人が、精神病院に行かずに幸福の科学に来たんだよ。

綾織　確認しますが、幸福実現党の報道をしない判断には、社長が直接かかわっていますか。

小出宣昭守護霊　いや、私は大社長であるから、そんな細かいことにまでいちいち口は挟《はさ》まんけれども、「中国を敵視するような政党を助長するようなことは、日本の将来にとっては望ましくない」という感じの判断はしている。

綾織　ああ、なるほど。

小林　分かりました。それは非常に大きなコメントですね。

小出宣昭守護霊　だから、中根《なかね》（裕美《ひろみ》）なんていう、ああいう保育士あがりのやつは、何も分かっとらんのにさあ……。

綾織　保育士あがりとか、そういう言い方は問題だと思います。

小出宣昭守護霊　中央がそうやって、「憲法九条改正」だの、「ミサイルを撃《う》ち込《こ》め」だの言わせてるのは？

地元紙で、唯一《ゆいいつ》、中根《なかね》候補を報道しない中日新聞の言い分

小林　それでは、今の点について、もう少し具体的な話に入りますが、要するに、選挙調査室長の山田恭司《やまだきょうじ》さんは、私たちの質問に対し、「われわれの価値判断によります」と、何度もおっしゃったんですよ。その「価値判断」の中身は、今のインタビュー

でよく分かりました。

小出宣昭守護霊　うん、うん。

小林　それで、ちょっと、ここからが議論なんですが、事実上の第一声後、紙面で候補者を並べるときに、名古屋方面では中日新聞のみが中根裕美《なかねひろみ》を落としたんですね。要するに、報道しなかった。

ところが、ＮＨＫや毎日、読売新聞等は、他の候補者と同じボリュームで報道したのです。

小出宣昭守護霊　ふーん。

小林　ここにおける、ＮＨＫの価値判断と中日新聞の価値判断には、どういう違《ちが》いがあるのか。これを説明していただけますか。

小出宣昭守護霊　分かった、分かった。

幸福実現党に対する「中日新聞の偏向報道」

県内版

ここが聞きたい！ ～2013参院選あいち～

⑤外交　主要政党候補の主張

■愛知選挙区　立候補者

本村《もとむら》	伸子《のぶこ》	40	共	新
宇田《うだ》	幸生《こうせい》	40	減	新
中根《なかね》	裕美《ひろみ》	39	諸	新
伊藤《いとう》	善規《よしのり》	64	社	新
薬師寺《やくしじ》	道代《みちよ》	49	み	新
酒井《さかい》	庸行《やすゆき》	61	自	新
身玉山宗三郎《みたまやまそうざぶろう》		40	諸	新
平山《ひらやま》	誠《まこと》	61	ミ	現❶
近藤《こんどう》	浩《ひろし》	52	維	新
大塚《おおつか》	耕平《こうへい》	53	民	現❷

※ミ＝みどりの風

「中日新聞」(愛知県版)では、連日、各候補者を写真入りで紹介しているが、幸福実現党の中根裕美候補は1行のみ。

▲中日新聞(愛知県版)
(2013年7月13日付)

一方、地元の新聞である「東海日日新聞」「東愛知新聞」は、顔写真入りで、中根裕美候補を紹介している。

参院選

いじめ隠しに厳罰を

幸福実現党 中根氏来社　教育問題への思い訴え

参院選愛知選挙区（改選数3）に立候補している幸福実現党新人の中根裕美氏（39）は12日、東海日日新聞社を訪れ、「いじめの隠ぺいには厳しい罰則を設けるべき」などと教育問題に関する考えを語った。

中根氏は保育士の経験があり、教育問題への対応を強く訴えている。11日に名古屋市南区で発生したいじめを苦に自殺したとみられる男子中学生の問題に触れ「教育委員会や学校などが事件を隠した場合、罰則を与えられるような法律を作りたい」と話した。

この日から東三河での街頭演説を開始し、「消費増税の中止と憲法9条の改正、幼児期に善悪判断ができるようにする徳育教育の推進を訴えたい」と力を込めた。

（斉藤理）

考えを語る中根裕美氏（東海日日新聞社で）

▲東海日日新聞
(2013年7月13日付)

▼東愛知新聞
(2013年7月13日付)

「いじめ禁止法」つくる

中根候補が豊橋、豊川で街宣

公示後初めて東三河入りし、豊橋、豊川市内で街宣活動を繰り広げた中根候補は正午から豊橋駅前でマイクを握って街宣を繰り広げた。

中根候補は「就学前の徳育・情操教育が大切だ。（加害者の処分も明確にする）いじめ禁止法の制定を目指す」と主張。「東三河で未来産業を発展させ、子どもたちのために今より繁栄する日本に」などと支持を訴えた。また、東愛知新聞記者の質問に答え、「（有権者から）今度こそ勝ってね、応援しているよなどと声をかけてもらい、感激で涙したこともあります」と、手応えを話した。

参院選終盤に向けてガッツポーズを見せる中根候補

中日新聞は「ＮＨＫ」「毎日」「読売」を超《こ》えた？

小出宣昭守護霊　あのねえ、それは、中日新聞はねえ、ついに、あのー……、何？　今、「どこ」と言った？　ＮＨＫと……。

小林　ＮＨＫと、毎日新聞と、読売新聞ですよ。

小出宣昭守護霊　読売ですか。だから、中日新聞は、ＮＨＫ、毎日、読売を超《こ》えたんだよ。マスコミとして、ついに、彼らの見識を超えたのよ。彼らはねえ、日和見《ひよりみ》をしたんだよ。ちょっとでも批判を受けるのが嫌《いや》だから、日和見したんだよ。

小林　（苦笑）いえ。

小出宣昭守護霊　われらはねえ、価値判断に自信があるから。

綾織　それは、「中国に対して忠実か、忠実でないか」ということですか。

小出宣昭守護霊　うーん、まあ、とにかく、中国の買い物客に来てもらわんと困るのよ。それを減らしたくないわけだから、中国を刺激《しげき》してほしくないわけ。

綾織　買い物と偏向《へんこう》報道は、直接には関係ないと思うのですが。

小出宣昭守護霊　いやあ、やっぱり、中部経済の発展のためには、客を呼ばないといかんですよ。私はそれを考えてます。

小林　まあ、その点になると、とたんにローカルな話を出されるのですが……。

小出宣昭守護霊　あ、すんません。半分はローカルなんでね。

「ＮＨＫとの違《ちが》い」を訊《き》かれて話をすり替《か》える

小林　要するに、「不偏不党」を社是《しゃぜ》とするＮＨＫの考え方と、中日新聞の今回の価値判断は、どこが違《ちが》うのでしょう？

小出宣昭守護霊　いやあ、あのねえ、ＮＨＫが「不偏不党」をしてるとは思えないけども、少なくとも、おまえら、ケンカを売ったのは間違いねえだろうが。なあ？　天下のＮＨＫに対してケンカを売ったやろう？

綾織　ケンカではなく、考え方を質《ただ》しただけです。

小出宣昭守護霊　「不買運動をするぞ」っちゅうようなケンカを売ったじゃないか。

小林　いやいや、そんな下品なことはしていませんよ。

小出宣昭守護霊　売ってるよ。なんか、出してる本は、NHKを狙《ねら》い撃ちしてる（『NHKはなぜ幸福実現党の報道をしないのか』〔幸福の科学出版刊〕参照）。

それと、あと、テレ朝とさあ、TBSのキャスターを狙い撃ちして、〝喚問《かんもん》〟しただろうが（『バーチャル本音対決――TV朝日・古舘伊知郎《ふるたちいちろう》守護霊 vs. 幸福実現党党首・矢内筆勝《やないひっしょう》――』『田原総一朗《たはらそういちろう》守護霊 vs. 幸福実現党ホープ』『筑紫哲也《ちくしてつや》の大回心』『ニュースキャスター　膳場貴子《ぜんばたかこ》のスピリチュアル政治対話』〔いずれも幸福実現党刊〕参照）。

あんなの出したら、「次は、NHKの看板アナがやられるに違いない」と、みんなが思うに決まってるじゃねえか。そんなもん、NHKだって、みんな、いわゆるサラリーマンで、弱いもんやから、それをやられたら降板になるからさ。NHKは、そういうトラブルに非常に敏感《びんかん》やからな。

綾織　いや、トラブルではないと思うんですね。

小出宣昭守護霊　それで、わざと、〝あれ〟したのよ。あなたがたが潰《つぶ》れるまでの間だけ、我慢《がまん》しようとしてるだけよ。

落ち続ければ、さすがに、どっかで資金が尽《つ》きて、やめるだろうからさあ。

「中日新聞なくして中部経済圏《けん》なし」と豪語《ごうご》

小林　結局、中日新聞としては、どうされるのですか。

小出宣昭守護霊　え？　中日新聞はねえ、「われわれが攻撃《こうげき》されるようなことは、まずあるまい」と思うとるから、平気なわけよ。

小林　でも、今、始まっていますけどね。

小出宣昭守護霊　だけど、まあ、わしの名前で本なんか出したって、売れるわけねえだろうが。そんなもん、出すんだったら、ＡＫＢでも出せよ、ほんとに。そっちのほうが儲《もう》かるから。

小林　やはり、名前を出されるのは、かなりキツイのですね。

小出宣昭守護霊　わしの名前なんか出したって、誰《だれ》が買うんだよ、そんなの。出すんじゃないよ。

綾織　「地方紙の雄《ゆう》」ですので、やはり影響《えいきょう》はあります。

小出宣昭守護霊　中部方面の書店から、一斉《いっせい》に本がなくなるよ。中日新聞の力、知らないの？

小林　あ！　そういうことをされるんですか。

小出宣昭守護霊　ええ。書店から、本がなくなるよ、一斉に。

小林　いちおう、これ、活字になりますんでね。

小出宣昭守護霊　活字？　そんなんで脅《おど》したって駄目《だめ》だよ。

小林　私どものほうとしては、別に、話していただいても、まったく構わないのですが。

小出宣昭守護霊　中日新聞なくしてね、「中部経済圏がある」と思ったら、間違いですよ。私らが支えてるんだからね。浜岡《はまおか》原発を生かすも殺すも、私らの筆一本なんだから。え？

小林　確かに、中部電力の評価委員会のなかに、なぜか、あなたの名前も入っていましたからね。

小出宣昭守護霊　ああ、私らの判断一つで行けるんだ。それだけの力があるんだからね。あなたねえ、そんな〝インチキ本〟を名古屋の書店で売らしてもらえると思ったら、大間違いだ。え？

小林　今の発言は、「言論の自由」と「信教の自由」への重大な挑戦《ちょうせん》ですよ。

小出宣昭守護霊　「言論」あるいは「信教」の自由はありますよ。

だから、「マルクスを信じなさい」って言ってるんじゃないの。あれが〝新しいキリスト〟なんだから。

選挙報道の実現に、なぜか「若い有名人」を要求

綾織　要するに、「今後、中部圏で、幸福実現党の当選を阻止《そし》する」ということですね。

小出宣昭守護霊　阻止しなくたって、どうせ、いつもビリなんだから、一緒《いっしょ》じゃないの？　もう民意が阻止してるんであって……。

綾織　いや、そんなことはありません。着実に、支持は広がっていますので。

小出宣昭守護霊　私たちは、ただ、その民意をいち早く捉《とら》えてるだけだから、「価値判断」と言っても、ちゃんと客観情勢判断は入ってるんだ。

綾織　つまり、「報道しない」という方針は、今後も変えないわけですね？

小出宣昭守護霊　悔《くや》しかったらねえ、美空《みそら》ひばりぐらい有名なのを……、いや、ちょっ

と年取ったように見えるから、それはまずかったかな。まあ、よく知らんけど、もうちょっと若いので、誰か有名なのを引っ張ってこいよ。ええ?

国民の「政治参加の自由」と新聞報道は無関係なのか

小林　中日新聞の選挙調査室長の山田恭司《やまだきょうじ》さんは、「ザ・リバティ」誌の取材に対して、国民の「政治参加の自由」と新聞報道とは無関係であるかのような暴言を吐《は》いています。独占的《どくせんてき》なメディアが意図的に報道しなければ、それは存在しないに等しく、明らかに国民から「政治参加の権利」を奪っているにもかかわらず、「新聞が何を書こうが、そんなことは無関係だ」と言わんばかりの発言をされていました。

小出宣昭守護霊　いや、それは、国民が自由に判断したらいいわけだから、新聞が書くのは「報道の自由」で……。

綾織　いや、新聞は、その判断材料を与《あた》えないといけないんですよ。

小出宣昭守護霊　「『報道の自由』はあるが、それは、選挙を拘束《こうそく》するものではない」

と言っているわけでね。選挙は、秘密投票なんだから、中日新聞を読んでても、違う保守系の党に入れたって構わないわけだ。だから、それは……。

偏向《へんこう》報道を公然と行うマスコミは「憲法二十一条違反《いはん》」

小林　では、その議論に入りましょうか。

あなたがたマスコミの方々は、いつも、金科玉条《きんかぎょくじょう》のごとく、公職選挙法第百四十八条にある「報道の自由」を主張するわけですが、要するに、今、縷々《るる》伺ったインタビューにて明らかになったような、特定の偏《かたよ》った考え方に基《もと》づいて、その権利を行使した場合、実は、憲法二十一条第二項《こう》の「検閲《けんえつ》の禁止」に違反することになることが、分かっておられますか。

そのことについては、どう思われているのでしょう？　これは、事実上の「検閲」なんですよ。

（注。小出社長〔守護霊〕が説明したとおり、中日新聞が中国政府の意向に従って同社の持つ「報道の自由」を行使したならば、中国政府の意向に沿わない「見解」は全て削除《さくじょ》されることになり、これは明らかに「事実上の検閲」に当たる。）

小出宣昭守護霊　いや、あのねえ、君らがあんまり無知だからさあ、ちょっとだけ教えてやるよ。あんまり無知だから、二、三分だけ、俺《おれ》の授業を聴《き》けよな。

日本ではねえ、マスコミっていうのは、今からつくることはできないのよ。すでに出来上がったものなのよ。この権力は、すでに出来上がったもので、国家と一体になってるのよ。つまり、新聞社もテレビ局も、これは既成《きせい》権力であって、実は、マスコミは、すでに国家の権力の一部になってるわけなの。

だから、そういう意味においては、憲法上の「権力の行使」に当たるから、マスコミは宗教を応援《おうえん》しないわけ。これが基本スタンスなのね。分かる？　だけど、この、「検閲してはいけない主体」は、やっぱり、国家なり公務員たちなんですよ。検閲しちゃいけないの。だから、それに関しては、「マスコミは民間だ」と言い張るのよ。

実際上の構造はこうなっとるわけでね。片や、「国側の人間だ」と言い、片や、「民間の人間だ」と、両方を言ってるの。

宗教政党を応援《おうえん》できない理由は「与党《よとう》・公明党」への気兼《きが》ね？

綾織　その意味では、あなたの考え方によると、「宗教が母体となった政党だから駄目だ」というわけですね？

小出宣昭守護霊　いや。与党《よとう》のなかに公明党が入ってる以上、無理ですよ。

綾織　「公明党はいい」と？

小出宣昭守護霊　公明党が入ってしまっている以上ねえ、あれで多数を取って、法律がつくれるわけですよ。だけど、公明党は、基本的に、ほかの宗教を認めてないですから。

綾織　ほう。では、公明党の立場にも立っていらっしゃるのですか。

小出宣昭守護霊　いやあ、立ってるわけじゃないけど、創価学会《そうかがっかい》は、他宗をどこも一切《いっさい》認めてないんでね。キリスト教まで含《ふく》めて、認めてないから、あれが与党にいる間は、やっぱり、残念ながら、ほかの宗教政党を応援《おうえん》することなんかできないですよ。

小林　そういう意向が中日新聞に来ているわけですね。

小出宣昭守護霊　いや、〝国家機関の一部〟としてのね、「検閲」というわけではないけれども、まあ、「忌避《きひ》」だよな。

既成《きせい》権力の維持《いじ》のためにマスコミがつくる〝民意〟

綾織　そのことに関して言えば、例えば、共産圏《けん》の旧ソ連でも、選挙はありましたが、「共産党以外の候補者を新聞に載《の》せない」といったことを行っていたんです。そのため、結局、共産党以外の候補者は当選しないわけです。あなたがたも、それと同じようなことをしているんですけどね。

小出宣昭守護霊　全体に、既成《きせい》の権力を維持《いじ》する方向に行ってるのは事実だけど、まあ、でも、「民意」というのはねえ、民間人が自分で調べたりすることができないから、われわれが代理人をやってるわけだね。

だから、われわれの意向どおりに入れればいいわけだ。基本的にはね。

綾織　ほう。

小出宣昭守護霊　まあ、われわれは、「国家の代わりに、民主主義をつくってあげている安定機関」なんだからさ。

綾織　それは、民主主義ではないですよね？

小出宣昭守護霊　えっ、民主主義じゃないの？

綾織　それだと選べないではありませんか。

小出宣昭守護霊　だって、投票するとき、各自、独りで書いてるんだ。われらが、そばで見張って、銃《じゅう》を突《つ》きつけて書かしとるわけじゃない。みんなが各人で書いてるわけやからさあ。

新聞だって、うちと反対の社説を書くところも、まあ、ないわけじゃないし、テレビだって、反対のことを言うところも、一部、ないわけじゃないんだからさあ。自分で選べるんだよ。

綾織　いやいや、選べないですよ。

小出宣昭守護霊　ああ、だから、自由は自由。選挙の自由は、選ぶ側にあるんだよ。

綾織　ただ、新聞だけを見ている人には、それで選ぶのは難しいですよね？

間違《まちが》った発信をするマスコミには顧客離《こきゃくばな》れ、経営危機が来る

小林　あなたの発言の前提に、重大な誤りが一点あります。

小出宣昭守護霊　えっ、何？

小林　それは何かと言いますとね、「権力構図は、マスコミを含めて、すでに確定している」とおっしゃっていましたけれども……、

小出宣昭守護霊　うん、そうだよ。確定してるよ。

小林　ところが、その一方において、「思想の自由市場」という考え方があるのです。要するに、間違《まちが》った発信や、未来を見ていない発信をしたマスコミに関しては、自由主義・

市場社会においては、顧客離《こきゃくばな》れによって経営危機が起きるようになっているんですね。

小出宣昭守護霊　うーん、いや、いや。ちょ、ちょ、ちょ、ちょ、ちょ……、うーん……。

小林　今、アメリカのマスメディアを見れば分かると思いますが、次々と倒産《とうさん》が始まっているでしょう?

選挙の不公平報道は「身のほど知らず」を懲《こ》らしめるため?

小出宣昭守護霊　いや、君らの戦う敵はねえ、新聞社やテレビ局じゃないのよ。君らが戦ってるのは、まだ週刊誌レベルなのよ。週刊誌とバトってたらいいのよ。

これを超えて、テレビ局や新聞社と戦おうとするから、「ちょっと分が過ぎている」と言って、今、軽蔑《けいべつ》されてるんだよ。「バカだなあ。身のほどを知らん」とね。

そういうことで、「中根裕美を落とし続けてやることで、ちょっと肝《きも》を冷やさせてやれ」という声がいっぱい聞こえてくるわけよ。

小林　まあ、言いたいことはよく分かりました。

小出宣昭守護霊　まあ、ビリで落ちてなあ。「こんなに小さな宗教だったんか」とな。

報道しなくても広告掲載料《けいさいりょう》だけは取る「殿様《とのさま》商売」

小林　ただ、中日新聞さん以外は、それとは違う動きをとっているので、「中日新聞のみが、そう考えている」ということがよく分かりました。

先ほど、毎日と読売、ＮＨＫの話をしましたけれども、今日、こちらへ出てくる前に新聞をチェックしていたら、先週末の「朝日新聞・北海道版」という、ダブルで左翼《さよく》がかかっているところの紙面で、他と同じパターンで、まったく同じスペースで、幸福実現党を報道していましたよ。

小出宣昭守護霊　うん。それは、あんたらが広告を打ってるから、広告代金のためだろう？

小林　ただ、当会は、中日新聞にも広告を打っていますからね。

小出宣昭守護霊　わしらは、もらうだけはもらってなあ、応援はせんよ。それを「殿様《とのさま》商売」っちゅうんだ。

小林　要するに、「殿様商売だ」ということですね？

小出宣昭守護霊　うんうん、それはそうだよ。わしらを通じずして、宣伝できないからな。

中国についていくことが「日本の未来」を開く？

小林　一言《ひとこと》申し上げたいのですが、実は、今、少数派になっているのは、あなたのほうなのです。

小出宣昭守護霊　え？　なんでや？　三百五十万部なんて、すごい勢力じゃないか！　天下取りまで、もう一歩や。天下布武《てんかふぶ》。読売まで、あと三倍！　あと三倍や。あと三倍で読売……。

小林　それは〝新聞村〟という狭《せま》い世界の話であって、テレビやネットのほうに対しては、全然、手が打てていないではないですか。

アメリカなど、いろいろな国を見ていると分かりますが、要は、今おっしゃった議論の前提が、どんどん崩《くず》れているんですよ。「そのなかで、旧態依然《いぜん》たるものを、ずっと選《せん》択《たく》し続けるのですか」と申し上げているのです。

小出宣昭守護霊　何よ、「古い、古い」って。何が古いのか、さっぱり分からん。私たちは未来志向なのよ。未来は中国なんだから……。

小林　「未来は中国だ」と？

小出宣昭守護霊　「中国についていくことが、日本の未来を開く」と、こう考えてる。だから、「思想・信条の自由」でしょ？

小林　そこに、全部、収斂《しゅうれん》してくるわけですね。

小出宣昭守護霊　確率的に半分はあるんだから。

中日新聞に対しては、「権利の濫用《らんよう》」で憲法違反訴訟《いはんそしょう》が起こせる

小林　「思想・信条の自由」を主張する人は、他《た》の人の「思想・信条の自由」と「言論の

自由」を認めなくてはいけないんですよ。特に、大きなメディアにおいてはそうです。具体的に言うと、「報道の自由」においては、当然、「権力の濫用《らんよう》」「権利の濫用」ということに関してチェックが入るわけです。

特に、あなたがたの場合には、名古屋市内において七割、東海圏《けん》において六割のマーケットシェアを持っていますよね。だから、そこにおける今の報道姿勢を、私たちは、十分に、優越《ゆうえつ》的地位を利用した「権利の濫用」に当たると思っていて、これに対しては訴訟が起こせるのではないかと考えているんです。

だから、「そういう優越的な地位を持っている方々は、権利および権力の濫用に関して、よほど謙虚《けんきょ》でないと、つまり、他人の自由を認める謙虚さがないと、反作用を受け、法律違反を問われる可能性がありますよ」ということを申し上げているんです。

（注。新聞社の「報道の自由」を定める公職選挙法第一四八条は、新聞社が「表現の自由を濫用して選挙の公正を害する」ことを厳に戒《いまし》めている。中日新聞は名古屋市内において、シェア七割という明白な独占的地位を有しており、かかる立場で既述《きじゅつ》の行為《こうい》に出ることは、「優越的地位の濫用」に当たる可能性が高い。）

小出宣昭守護霊　君らにはねえ、もう一つ、見落としてることがあるんだな。こうやって、わしらを脅《おど》せると思うとるかもしらんけども、マスコミには裏での連帯があるんだよ。だからさあ、マスコミを訴えたり、脅したりしても、みんなで無視して、それを、どこも報道しないから、全然、騒《さわ》ぎにならない。「事件性がない」「話題性がない」ということで、「黙殺《もくさつ》」、「もみ消し」ができるのよ。

だから、君ら、なんぼやったって無理なの。ほかの会社にならやれるけど、マスコミに対しては無理なの。

小林　実は、その壁《かべ》を、幸福の科学は、日本の戦後の歴史のなかで、唯一《ゆいいつ》、乗り越えてきたんですよ。

小出宣昭守護霊　ああ、無理、無理、無理。

君らが「新聞社を相手に戦って勝てる」と思うのは傲慢《ごうまん》だよ。君らの支部が潰《つぶ》れていくだけのことだから。

小林　そのスタンスについては、よく分かりました。

マーケットを囲い込《こ》む発想しかない小出社長守護霊

小林　今日は、「正直に語っていただいた」ということについては、非常に評価しているといいますか……。

小出宣昭守護霊　君の実家も読んでるんじゃないの、中日新聞を。ええ？

小林　いやあ、残念ながら、取っていなかったのです。

小出宣昭守護霊　取ってなかったの？　けしからんなあ。

小林　というか、取るのをやめたんですけどね。

小出宣昭守護霊　この人（大川隆法）も、「名古屋へ行ってた」とか言っててさあ、中日新聞を読んでなかったらしいから、ちょっと、けしからんなあ。名古屋に来たら、読まないかんのやなあ。だからねえ、けしからんですよ。

小林　それはマーケットを囲い込《こ》む発想でしかありませんよ。

小出宣昭守護霊　日経新聞を読んどったというから、けしからん！「中部経済が分かるのか」っちゅうことだ。

8 「日本の未来」を中国に託《たく》すのか

「言論の自由」は言論機関だけのもの?

綾織 あなたが最終的に目指しているのは、「中国に呑《の》み込《こ》まれて、言論の自由など、あらゆる自由がなくなっていくこと」であり、それを、よしとされているわけですね。

小出宣昭守護霊 そんなことはない。中国に呑み込まれたら、もう、どんどん大発展していくんじゃない? 日本は十倍規模で発展するんじゃないの?

綾織 「言論の自由」や「信教の自由」は、どうなりますか。

小出宣昭守護霊 ええ? 黙《だま》っとりゃええのよ。言論機関だけが言論できたら、それでええのよ。民間人は黙っとりゃええのよ。

小林　「人民は黙っとりゃええ」と？

小出宣昭守護霊　だから、言論機関が言論できたらええのよ。三社ぐらいありゃあいい。

「マルクス教祖様の意見に従わなきゃいけない」と語る

綾織　（中日新聞社の入社案内を示して）これは中日新聞社の入社案内なのですが、「最大の財産は自由です」と書いてあります。

小出宣昭守護霊　ほう。それは、まあ、「書く自由」だよ。

綾織　書く自由？

小出宣昭守護霊　うんうん。

綾織　これには、「中日新聞は自由民権運動の思想から生まれてきた」とあります。中日新聞社は二つの新聞社が合体してできたのですが、もう一つの新聞は議会と憲法を求める運動から生まれてきました。この二つの新聞が合体してできた新聞社が、「自由が最大の財産です」と言っているわけですけれども、これは、まったくの嘘《うそ》なわけですね。

小出宣昭守護霊　やっぱり共産主義を求める自由もあるわなあ。

綾織　「それを、どこまでも求めていく」ということになりますね。

小出宣昭守護霊　わしらは民衆の側に立ってるのよ、常にね。

小林　共産主義のほうを求めて、それが権力の側になったら、自由がなくなるのは歴史の法則です。それを見落とされていますよね。

小出宣昭守護霊　それはおかしい。それは基本教義に反するから。やっぱり、マルクス教祖様の意見に従わなきゃいけないと思う。

小出社長本人の〝操縦桿《そうじゅうかん》〟を握《にぎ》っている守護霊《しゅごれい》

綾織　あなたは、普段《ふだん》、どなたと話されていますか。

小出宣昭守護霊　え？

綾織　その教祖様と話をされるような状態なのですか。

小出宣昭守護霊　普段？

綾織　ええ。あなたは小出社長の守護霊《しゅごれい》さんですよね。

小出宣昭守護霊　そうだよ。

綾織　それは分かりますか。

小出宣昭守護霊　うん、うん。

綾織　霊界にいらっしゃいます？

小出宣昭守護霊　そうだよ。

綾織　普段、どういう方と話をされていますか。

小出宣昭守護霊　うーん。普段ねえ……。

綾織　誰《だれ》が来ますか。

小出宣昭守護霊　「普段、どういう方と話されるか」って、どういうことを言ってるの？

綾織　どなたの声が聞こえますか。

小出宣昭守護霊　ど、どういう、どういうことを言ってんのかな。よく分からないんだけど。わしは小出なんだけど。何よ。

綾織　小出さん本人？

小出宣昭守護霊　うんうん。

綾織　本人ですか？

小出宣昭守護霊　小出なんだけど。何を言う。

綾織　地上に生きているだけですか。

小出宣昭守護霊　うん？　まあ、「地上に生きてる」っちゅうか、〝操縦士〟をしてるんだけど。

綾織　操縦中？

小出宣昭守護霊　〝操縦桿《そうじゅうかん》〟を握《にぎ》ってるの、わしなんだ。

綾織　はいはい。

小出宣昭守護霊　わしが〝操縦〟してるの。

「丸山眞男《まるやままさお》は〝奥《おく》の院〟にいる」と認識

小林　あなたに、誰か、ほかの方がささやいたりとか……。

小出宣昭守護霊　「わしの車のなかに乗せる人がいるか」っていうこと？

小林　うーん、というか、あなたに〝電話〟をかけてきたりとか……。

小出宣昭守護霊　いや、わしは、いつも〝操縦〟で忙《いそが》しいからねえ。ハンドルを握って〝運転〟してるから、そう言われても、そんなに……。付き合いは、なかなかできないけどね。

小林　「そんなに」ということは、「少しはある」ということですよね。

小出宣昭守護霊　なんか、業界の一部の人たちがやってくるようなことは、まあ、たまにはあるけどね。

綾織　「業界の人」とは、どなたですか。

小出宣昭守護霊　「どなたですか」と言ったってなあ、そらあ、業界人と中部経済人あたりが、たまには、ちょっと来ることはあるけど……。

綾織　丸山眞男《まるやままさお》さんは？

小出宣昭守護霊　丸山眞男？　あんな偉《えら》い先生は、そりゃあ、ちょっと無理だわ。

綾織　話はできないですか。

小出宣昭守護霊　いやあ、もう、偉すぎて、それは、ちょっと……。近づけないので、遠くからカーッと拝むだけだ。

小林　「遠くから見ている」と？

小出宣昭守護霊　そらあ、偉すぎて、とっても……。〝奥《おく》の院〟だから、あそこは。

小林　では、ときどき、姿が見えることはあるわけですね。

小出宣昭守護霊　〝奥の院〟の〝奥の院〟じゃ、ちょっと、さすがに、私の修行《しゅぎょう》では、まだ、とても行けないので……。「〝奥の院〟におられる」という、丸山眞男先生に、こう、お祈《いの》りを……。

綾織　〝奥の院〟ではない人は、いますか。

小林　代理人、名代のような人とか……。

小出宣昭守護霊　そりゃあ、現在、生きてる人たちは、〝奥の院〟じゃないわのう。

小出社長守護霊《しゅごれい》に「霊」としての自覚はあるか

綾織　すでに亡《な》くなった人で、交流のある人はいますか。

小出宣昭守護霊　「亡くなった人で、交流のある人」っていうのは、意味がよく分かんないけども……。

綾織　よく思い浮《う》かぶ人や、その人の声がよく聞こえるような気がする人は、いますか。

小出宣昭守護霊　その人の声がよく聞こえる……。君らは、何か、おかしいんじゃないか。大丈夫《だいじょうぶ》かあ？　一回、検診《けんしん》を受けに、午後、病院に行ってこい。

綾織　いえいえ、大丈夫なんですけれども。

小出宣昭守護霊　声が聞こえたら、君、それはおかしいよ。幻聴《げんちょう》だぞ、それ。

綾織　そういう声も、全然、聞こえない？　「地上で生きている」ということですね。「地上で小出社長と一体となって生きている」と？

小出宣昭守護霊　当たり前じゃない。それ、何言ってるの？　いやあ、だから、「私がハンドルを握ってる」って言ってるじゃないの。離《はな》したら駄目《だめ》なのよ。ずーっと握ってないといけない。

君らは、幻聴を肯定《こうてい》するのか。

「過去世《かこぜ》は徳川家康《とくがわいえやす》」と怪《あや》しげな主張

綾織　過去に、「あなた自身の人生があった」と思うのですが……。
小出宣昭守護霊　私の人生が過去にあった？
綾織　はい。今は小出社長として生きていらっしゃいますけれども……。
小出宣昭守護霊　うーん、これ（小出氏本人）、もう、中日新聞のエリート中のエリートだからね。
綾織　はい。そうかもしれません。
小出宣昭守護霊　うん。エリートだ。
綾織　それで、あなた自身にも過去の人生というものがあって、何か、かすかな記憶が……。
小出宣昭守護霊　それは、まあ、仏教的には、そういう言い方もあるわな。ものの方便だろうけどな。

綾織　転生輪廻《てんしょうりんね》がありますから、それを前提としたときに……。

小出宣昭守護霊　まあ、あるとしたら、わしは徳川家康《とくがわいえやす》以外にないだろうなあ。「生まれ変わり」としてはな。今の気分は、そんな感じだから。徳川家康をやってるつもりやから、幕府を開かないと……。

小林　今の気分は気分として……。

小出宣昭守護霊　気分はな。認めてくれるのか？

綾織　いえいえ、認めていませんけれども……。

小出宣昭守護霊　認めない？

小林　記憶《きおく》とか思い出とかは、いかがですか。

小出宣昭守護霊　記憶とか思い出とかは……。うーん。でも、やっぱり、ちょっと国盗《くにと》り合戦はしたような気がする。

小林　「その時代」ということですか。

小出宣昭守護霊　何か、ちょっとあるなあ。

綾織　やはり、地域的には、あの辺の、尾張《おわり》、三河……。

小出宣昭守護霊　わしは徳川家康の生まれ変わりとちゃうかなあ。徳川家康が、今、生まれ変わったら、中日新聞の社長ぐらいになるんじゃないかなあ。

小林　いやあ、中日新聞の社長には……（笑）。

小出宣昭守護霊　ならない？

小林　ちょっと小さすぎると思うんですけれども……。

小出宣昭守護霊　やっぱり、（この地域に）愛着があるよ、愛着が。

綾織　徳川家康はマルクス・レーニン思想には行かないと思います。

小出宣昭守護霊　行かないかねえ。
徳川家康は金儲《もう》けが下手よ。あれはケチなだけやねえ。
「社長は劉邦《りゅうほう》や家康《いえやす》だった」と中日新聞社員に信じさせたい

綾織　徳川家康《いえやす》と同じぐらいの時代ですか。やはり戦国時代でしたか。

小出宣昭守護霊　うーん。まあ……。何か、ちょっとボーッとして、分からないんだよ。

小林　そこを頑張《がんば》って……。

小出宣昭守護霊　「徳川家康を否定する」っていうのは、君ら、何という権威《けんい》を持っとるんだね。変なやつだなあ。

綾織　いえいえ、否定しているわけではありません。

小出宣昭守護霊　じゃ、やーめた！　はい。じゃあ、やめる。やめる。降りる。

小林　あれ？　逃《に》げるんですか。

小出宣昭守護霊　中国にする。中国、中国、中国。中国にいたような気がする。

綾織　中国？　では、うっすらと中国の記憶が……。

小出宣昭守護霊　うん。まあ、中国……になったら、そうだなあ、まあ……。

小林　話をつくるのはやめましょう。

小出宣昭守護霊　「項羽《こうう》と劉邦《りゅうほう》」の劉邦あたりが、わしの過去世《かこぜ》には、ふさわしいなあ（当会では徳川家康の過去世は劉邦としている）。

綾織　その言い方は意図的ですね。

小出宣昭守護霊　ハハハハハハハハ。信じないか？　だけど、活字にしたら、信じる人がいるんじゃないか。だから、中日新聞社員に信じさせたいんやけど。

小林　そう信じさせたいんですね。

小出宣昭守護霊　「劉邦をやったり、徳川家康をやったりして、小出宣昭に転生《てんしょう》した」と。

そうしたら、社員は、もう、社長に対して、みんな拝むよ。

小林　では、実際には、けっこう霊的《れいてき》人生観の持ち主なんですね。

小出宣昭守護霊　それを載《の》せてくれるんやったら、この本（今回の霊言）を出してもええわ。名古屋で、一部、売らせたるわ。

綾織　そこは残しますので。

「過去世《かこぜ》は分からない」という告白は本当か

綾織　地域的に非常にこだわりがあるようなので、やはり、あの辺（愛知県周辺）に生まれているのではないかと思うんですけれども……。

小出宣昭守護霊　あそこは外の人間を信用しないからねえ。基本的にはね。まあ、いいじゃん。なんで認めてくれないの？　あんたら、ケチやなあ。

綾織　いや、「ケチかどうか」ということは関係ありません。

小出宣昭守護霊　「これから、大きさを三倍にして、読売を抜《ぬ》く」って言ったんだからね。日本一になって、世界一の大新聞になるんだから、世界一の大新聞の社長が〝徳川家康〟でも構へんじゃないの。

綾織　まあ、そうなれば信じるかもしれませんが。

小林　あなたは家康をよく見ていたわけですね。

小出宣昭守護霊　まあ、そうかなあ。「見てた」っていうことかなあ。うーん。まあ、見てたのかなあ。

小林　見ていて、憧《あこが》れていたから、そう言っているのでしょうか。

小出宣昭守護霊　見てたのかなあ。見てたのかもしらんなあ。見てたんだろうか。しかし、わしは家来《けらい》みたいな言われ方をするのは嫌《きら》いやなあ。家来は家来や。やっぱり殿様《とのさま》でなきゃ嫌《いや》だなあ。

小林　別に家来でなくてもいいんですけれども……。

小出宣昭守護霊。殿様がええ。やっぱり、殿様がええわ。

小林　でも、その感じだと、「自覚はある」ということですよね。「実は、分かっている」という……。

小出宣昭守護霊　うーん。あ！　もしかしたら、家康じゃなくて秀吉《ひでよし》のほうだったかなあ。そんな気も……。

綾織　もう結構です。

小出宣昭守護霊　ええ？　まあ、場所は似たようなもんだからなあ。

綾織　では、あの辺の……。

小出宣昭守護霊　うーん。分からんのだ！

綾織　あ、分からない？

小出宣昭守護霊　ああ、分からんのだ。わしは、君らの宗教（の信者）とは違《ちが》うんだからさあ。宗旨《しゅうし》が違うんだから。〝マルクス教〟に信仰《しんこう》を持ったら、そんなの、分かるわけないだろうが。

小林　そうは言いつつも、仏教知識を、かなりお持ちだったので……。

小出宣昭守護霊　まあな。

小林　そうでしょう?

小出宣昭守護霊　うん。

小林　先ほど、チラッと、「中国」という言い方をされましたが、実は、中国にも生まれた経験があるのでしょうか。

小出宣昭守護霊　昔の中国には、マスコミはねえんだよ。

小林　マスコミはないけれども、マスコミのようなものは、たくさんありますからね。

「中日新聞が世界一の新聞になる」と豪語《ごうご》

小出宣昭守護霊　まあ、とにかく、わしはなあ、ほんとは、日本一、頭がええんや。頭は日本一ええんやけど、中日新聞を「地方紙だ」と思って、なめてくるやつがいるから、腹が立つんや。そいつらを皆殺《みなごろ》しにしてやりたい気持ちは持ってるね。「分かっとらんなあ」っちゅうの。「これが、もうすぐ世界一の新聞になるんや」っちゅうの。朝日なんかね、もうすぐ、うちの軍門に下《くだ》るの。

小林　ルサンチマン（怨念《おんねん》）ですね。

小出宣昭守護霊　「ルサンチマン」って、君、古い言葉を使うんじゃないよ。ええ？　現代的な言葉を使いたまえ。

小林　では、嫉妬心《しっとしん》。

小出宣昭守護霊　いや、コンペティション（競争）なの。正しいコンペティション。資本主義の原理なの。

まあ、ああいう中央紙は意外に潰《つぶ》れると思うんだ。全国紙は、パタパタ、パタパタ潰れて、私らみたいに地方に地盤《じばん》を持ってるやつは潰れないで残る。だから、基本的には、地方紙のトップが全国紙のトップとなる。

小林　でも、金融《きんゆう》機関のほうを見ますと、地方の金融機関のほうから、次々と潰れています。だから、そう甘《あま》く見ないほうがよろしいと思いますよ。

小出宣昭守護霊　だからねえ、三菱《みつびし》UFJとか、なんで、あんなものに、（東海銀行は）統合されたんだ。「中部は中部だ」っちゅうんだから、東海銀行でよかったのに、何なの、あれ。何なんだ。

小林　だから、「中部に磁場を張っているだけでは、もう生きていけない」と悟《さと》ったわけです。

小出宣昭守護霊　やっぱり、首相官邸《かんてい》は早く名古屋に移さないといかん。幽霊《ゆうれい》も出るそうだしなあ（『「首相公邸」の幽霊の正体――東條《とうじょう》英機・近衛《このえ》文麿《ふみまろ》・廣田《ひろた》弘毅《こうき》、日本を叱《しか》る！――』〔幸福の科学出版刊〕参照）。名古屋に移したほうがええ。間違いない。

工場焼き討《う》ちの犠牲者《ぎせいしゃ》が出たら、「ただ冥福《めいふく》を祈《いの》るだけ」

綾織　今日、お話を伺《うかが》っていて、「中部の財界とも、かなり考え方が違う」ということが分かりました。

小出宣昭守護霊　中部の財界とも違う？

綾織　地元でも、これからは、ちょっと危ないと思います。。

小出宣昭守護霊　そうかなあ。そうかなあ。いや、「中部の民衆が繁栄《はんえい》するような考え」っていうのは、まあ、基本的に、そう大きく変わらないいんじゃないいかなあ。

綾織　繁栄はしていかないですね。

小林　例えば、中国にはトヨタやホンダの工場がありますが、そこが焼き討《う》ちに遭《あ》って、日本人社員の犠牲者《ぎせいしゃ》が多数出たとき、中日新聞のスタンスは、どうなるのですか。

小出宣昭守護霊　うーん。冥福《めいふく》を祈《いの》るよ。

綾織　何もしないのですか。

小林　中国への損害賠償請求《ばいしょうせいきゅう》を紙面で主張したりしないわけですね。

小出宣昭守護霊　まあ、冥福を祈るね。

小林　トヨタのために？

小出宣昭守護霊　平和的に、今後のこと、未来のことを考えればね。

小林　「日本人が大量に殺されたけれども、平和的に考える」と？

小出宣昭守護霊　トヨタは、中国で人を採用すればいいから。（トヨタの社員は）三十万人ぐらい、いるんじゃないの？　中国に行ってるのは、そんなに大した数じゃないから。

小林　「三十万人ぐらいいるから、千人や二千人、殺されても構わない」と？

小出宣昭守護霊　いや、殺すのはわしじゃないからね。わしが殺すなら問題だけど、わしじゃない人が殺すのは関係ない。

小出社長は中国から〝選ばれし者〟

小林　ただ、あなたも自慢《じまん》しておられましたが、中日新聞を筆頭とする、その報道姿勢には、中国政府を助長しているところがあるんですよ。先端《せんたん》部分であるだけに、実は、中国との関係では、規模のわりには影響《えいきょう》力が大きいのです。

小出宣昭守護霊　中国っていうのはねえ、賢《かしこ》い国なんだよ。どこが使えるか、よーく分かってるんだよな。

小林　そうですね。

小出宣昭守護霊　だから、「有能で、未来のあるところ、将来性のあるところは、どこか」っていうことが、よく分かってて、ちゃーんと選んでくるんだよ。そして、その将来性のあるところに対しては、ものすごく丁寧《ていねい》にもてなしてくるけど、「アンチ中国」になるようなところに対しては、手のひらを返したように、ペーンとやるのね。これは激しいよなあ。

小林　そうです。だから、小出さんが選ばれたわけですね。

小出宣昭守護霊　うん。私も〝選ばれし者〟だな。

小林　選ばれていたわけですね。

小出宣昭守護霊　うん。

中日とは「中華帝国《ていこく》の日本」のこと

小出宣昭守護霊　わし、何か間違ったことでも言うたかなあ。「日本の未来は中国と共にある」と言っただけだからな。うん。

アメリカは遠い。アメリカに行ったって、中日新聞なんか、相手にしてくれないよ。全然、相手にしてくれないです。

ところが、中国は、名前（社名）を見て、「おお！　中日。ああ、そうか。日本も中国なんですよねえ」って。

小林　やはり、そのために社名を変えたのですか。

小出宣昭守護霊　ええ。「中華帝国の日本」なんだよね。

綾織　これは、歴史上、明らかなんですけれども、ソ連の場合も、中国の場合も、他国を侵略《しんりゃく》したら、そこの指導層は、全部、殺されてしまうんですよね。影響力のある人は、全部、殺されてしまい、無能で全然仕事のできないような人が、傀儡《かいらい》政権的なところでトップで立つのです。

小出宣昭守護霊　ああ。私は有能だから、殺されるんだ。

綾織　まあ、有能だと思いますので、殺されてしまいますね。

小出宣昭守護霊　うーん。

綾織　だから、あなたにも、もう未来はないわけですよね。

小出宣昭守護霊　出家《しゅっけ》する！　出家する。そのときは、もう仏門に入る。仏門に入るから、大丈夫だ。

綾織　出家といっても、中国の支配下で宗教が生き残るのは、なかなか難しいと思いますよ。

小林　自分の考えを持っている人は、基本的に殺されますから、それを知っておいていただいたほうがよいと思います。

小出社長は「中国共産党日本支部」の党首になる？

小出宣昭守護霊　うーん。でも、日本共産党が、けしからんから、堕落《だらく》してるから、中国共産党の日本支社か日本支局をつくったら、生き残れるんじゃないか。

小林　え？　小出さんが、そこの党首になるのですか。

小出宣昭守護霊　そうそう。

小林　（笑）そうですか。

小出宣昭守護霊　中国共産党日本支部の党首になる。

小林　「中国共産党日本支部の党首になる」と？

小出宣昭守護霊　うん。それだったら生き残れるな。

小林　分かりました。

日本共産党を「嘘《うそ》つき」と見ている小出社長守護霊《しゅごれい》

小出宣昭守護霊　日本共産党は、けしからんと思う。あれは、ちょっと〝粛清《しゅくせい》〟する必要がある。

小林　それについては意見が一致《いっち》します。まったく、そのとおりです。

小出宣昭守護霊　ちょっと〝粛清〟しなきゃいけない。嘘《うそ》をついてる。

小林　嘘つきですね。

小出宣昭守護霊　（日本共産党は）中国共産党と、ちゃんと意見をすり合わさないといけないよ。「旧ソ連とも中国とも違う」って言ってるけど、あれは絶対に嘘だよ。

小林　そこは、今日、唯一《ゆいいつ》、意見が一致したところです。ありがとうございました。

小出宣昭守護霊　あれだけは許せない。ああいう、偽物《にせもの》の信仰心《しんこうしん》だけは許せない。やっぱり、教祖に対する、ちゃんとした信仰心、「神」に対する信仰心を持たないといかんと思うな。

綾織　よく分かりました。

小出社長は「ナベツネと並んだ」？

小林　本日は、貴重なご意見を聞かせていただきまして、本当にありがとうございました。

小出宣昭守護霊　こういうのは、わしの評判、上がるんかなあ、下がるんかなあ。これ、どうなんだ？

綾織　それは読者が判断されますので。

小林　読者に委《ゆだ》ねればよいと思います。

小出宣昭守護霊　そうだね。みんなが、「ああ、社長は、やっぱり偉かったんやなあ。大川隆法総裁が自ら直々《じきじき》に呼んでお願いしなければ止《と》められないほど、強い言論だったんやなあ」と思ってくれるかな。そんな感じになるか。

まあ、ナベツネ（読売新聞の渡邉恒雄《わたなべつねお》会長）と並んだか。しょうがないなあ。運命だな、これは。

小林　ええ。〝運命〟として受け止めていただいて……。

小出宣昭守護霊　ナベツネと並んだのね。朝日の社長、ナベツネ、中日新聞の社長。うん。いい流れである。天下布武《てんかふぶ》まで、もう一歩だ。

小林　本日は、まことにありがとうございました。

小出宣昭守護霊　はい。

9 小出宣昭氏の守護霊霊言《しゅごれいれいげん》を終えて

「威張《いば》った中小企業《きぎょう》の社長」的で全体観と国際性が足りない

大川隆法　（一回、手を叩《たた》く）（笑）まあ、何とも言えません。独特の狭《せま》い世界で威張《いば》っています。こういう人は社長族に多いですね。中小企業《きぎょう》の社長などは、けっこう、威張りまくっていますが、あれに近い感じです。

小林　本当に、その感じです。

大川隆法　ただ、なかでは威張りまくっていても、外の世界については、それほど見えていないようなところがあります。ローカル性と相まって、そのように見えなくもありません。

何かが欠けているような気がして、しかたがないのですが、それは、「全体観が足りていない」ということでしょう。そうは言っても、やはり、ローカルな目に戻《もど》っていっているところがあるので、それで威張っている感じなのか……。

まあ、中日新聞は、きっと名古屋あたりで威張っているのでしょう。

その気持ちは分かります。徳島に行くと、阿波《あわ》銀行や徳島新聞、四国放送、このあたりは、すごい一流企業なので、そこに入った人は、みな、ものすごい誇《ほこ》りを持って仕事をしています。私のふるさとなので、悪口は言えませんが、よい銀行やよい新聞、よいテレビ局だと信じたいと思います。中日新聞は、それらをもう少し大きくしたところなので、もっと力があると思っているのでしょう。

しかし、この人は、本当は世界情勢には関心を持っていないのではないでしょうか。

小林　全然ない感じです。

大川隆法　「ロンドンに行っていた」とのことですが、そこで何をしていたのでしょう。

英会話学校に通って、戻ってきただけかもしれません。ロンドンにいたことは、今の考え方とは特に関係がないようです。格好をつけるために、いちおう、そういう経歴を持っているだけなのでしょう。

綾織　ロンドンに行っていたとき、「名古屋弁をしゃべる会」というものをつくっていたようです。やはり、すごくローカルです。

大川隆法　ロンドンやニューヨークあたりには日本食の店もあるので、いられないことはないでしょうが、そこから独自の取材で発信できるニュースは、あまりないでしょう。

外国のことについても言っていましたが、言っているわりには、それほど国際性を感じませんでした。

まあ、複雑なのでしょう。中日新聞は、東京と大阪《おおさか》に挟《はさ》まれ、独自色《しょく》を出したくて、あがいていますが、二百万人以上がいて、ある程度の規模がある名古屋市自体も、東京と大阪に挟まれ、あがいています。そこには同質のものを感じますね。

最初、私は、（今回の霊言《れいげん》収録が）いじめにならないかどうか、心配したのですが、読売新聞を超《こ》えるつもりでいるらしいので、その心配は必要なかったのかなと思います。

ただ、この人は野心家なので、今後、どうなるでしょうか。社民党の福島《ふくしま》党首の守護《しゅご》霊《れい》霊言は、「そして誰《だれ》もいなくなった」という本になりましたが（『そして誰もいなくなった――公開霊言 社民党 福島瑞穂《みずほ》党首へのレクイエム――』〔幸福の科学出版刊〕参照）、これは、どのような感じになるのでしょう。「そして誰も読まなくなった」でしょうか（笑）。さすがに、それはないかもしれません。

東京新聞と中日新聞は経営体を切り離《はな》してほしい

小林　新聞の読者のほうは目が開《ひら》けてきており、国際情報などに関して、どんどん自由にアクセスできるようになってきているので、しだいにギャップを感じ始めると思います。

大川隆法　そうですね。ローカル性が、今、乗り越《こ》えられようとしているかもしれません。

いずれにしても、地元で威張っていることだけは、よく分かりました。

しかし、東京新聞あたりは、中日新聞と経営体を切り離《はな》してほしい気がします。東京新聞は、やはり、東京都民のことを考えた編集にしていただきたいものです。「東京が名古屋に支配されている」というのは、よろしくないのではないでしょうか。そう感じるのです。

経営体を分離《ぶんり》していただいたほうがよいでしょう。北陸と中部と東京とを別にしていただきたいものですね。

ビル・ゲイツの〝帝国《ていこく》〟（マイクロソフト）も、「独占《どくせん》禁止法違反《いはん》だ」と言われ、分割《ぶんかつ》を求める訴訟《そしょう》を起こされたぐらいです。

こんなところに全部を動かされているのは、やはり困ります。経営体を分離していただいたら、東京本社も自由に記事を書けるのではないでしょうか。

小林　地方版以外、基本的に紙面が同じであることを、知らない人が多いのではないかと思います。

大川隆法　そうなんですよ。知りませんね。それが、かわいそうなところなのです。「紙面が同じだ」ということを、ほとんど知らないのです。

東京新聞を「東京の新聞だ」と思って取っている東京都民は、けっこう左翼《さよく》に染められているのかもしれません。

今日の東京新聞も見ましたが、記事の見出しは、全部、左翼的なものになっていました。徹底的《てってい》に、そうなのです。ただ、書き方は意外にワンパターンです。軸足《じくあし》をそちら（左翼）に置けば、批判を書けるようになっているのです。

これ（今回の霊言）が、どのようなことになるか、分かりません。今回の参院選には、ギリギリで間に合わないかもしれませんが、のちのちに何らかの証《あかし》としては遺《のこ》るでしょう。

まあ、この方が〝ご大成〟されることを、お祈《いの》り申し上げたいと思います。

小林・綾織　ありがとうございました。

あとがき

今回の参院選まであと五日となった。自民党の安倍政権の圧勝予想が伝えられる中、反自民の急先鋒《きゅうせんぽう》である共産党の躍進予想も、また、取りざたされている。

本文中で小出《こいで》社長の守護霊が言うように、「レーニンはカリスマ、マルクスは神様、『共産党宣言』は現代の聖書」と考えている人々もまだ生きており、安保世代の怨念《おんねん》とともに一時的に盛り返してきているのだろう。

しかし、「本当に新しい宗教政党は怖いですか」。共産主義こそが、唯物論的社会主義として正しいとお思いだろうか。「信教の自由」って何だろう。「報道の自由」って何だろう。「国民の知る権利」に奉仕するってどういうことだろう。

本書を手にとった方は、もう一度、こんなことを深く考えてほしい。

二〇一三年　七月十六日

幸福《こうふく》の科学《かがく》グループ創始者兼総裁《そうししゃけんそうさい》　大川隆法《おおかわりゅうほう》

『「中日新聞」偏向報道の霊的原因を探る』大川隆法著作関連書籍

『日米安保クライシス――丸山眞男 vs. 岸信介――』（幸福の科学出版刊）
『従軍慰安婦問題と南京大虐殺は本当か？』（同右）
『ナベツネ先生 天界からの大放言』（同右）
『NHKはなぜ幸福実現党の報道をしないのか』（同右）
『「首相公邸」の幽霊の正体
――東條英機・近衛文麿・廣田弘毅、日本を叱る！――』（同右）
『そして誰もいなくなった
――公開霊言 社民党 福島瑞穂党首へのレクイエム――』（同右）
『神に誓って「従軍慰安婦」は実在したか』（幸福実現党刊）
『バーチャル本音対決
――TV朝日・古舘伊知郎守護霊 vs. 幸福実現党党首・矢内筆勝――』（同右）

『田原総一朗守護霊 vs. 幸福実現党ホープ』（同右）
『筑紫哲也の大回心』（同右）
『ニュースキャスター 膳場貴子のスピリチュアル政治対話』（同右）

「中日新聞《ちゅうにちしんぶん》」偏向報道《へんこうほうどう》の霊的原因《れいてきげんいん》を探《さぐ》る
――小出宣昭社長のスピリチュアル診断――

2013年7月20日　初版第1刷

著　者　大《おお》川《かわ》隆《りゅう》法《ほう》

発行所　幸福の科学出版株式会社
〒107-0052 東京都港区赤坂2丁目10番14号
TEL(03)5573-7700
http://www.irhpress.co.jp/

印刷・製本　株式会社 東京研文社

落丁・乱丁本はおとりかえいたします

ISBN978-4-86395-365-9 C0030
写真：plainpicture／アフロ

大川隆法 霊言シリーズ・マスコミの本音を直撃

ナベツネ先生 天界からの大放言
読売新聞・渡邉恒雄会長 守護霊インタビュー

混迷する政局の行方や日本の歴史認識への見解、さらにマスコミの問題点など、長年マスメディアを牽引してきた大御所の本心に迫る。

1,400円

朝日新聞はまだ反日か
若宮主筆の本心に迫る

日本が滅びる危機に直面しても、マスコミは、まだ反日でいられるのか!? 朝日新聞・若宮主筆の守護霊に、国難の総括と展望を訊く。

1,400円

NHKはなぜ 幸福実現党の報道をしないのか
受信料が取れない国営放送の偏向

偏向報道で国民をミスリードし、日本の国難を加速させたNHKに、その反日的報道の判断基準はどこにあるのかを問う。

1,400円

幸福の科学出版

大川隆法 ベストセラーズ・希望の未来を切り拓く

未来の法

新たなる地球世紀へ

暗い世相に負けるな！ 悲観的な自己像に縛られるな！ 心に眠る無限のパワーに目覚めよ！ 人類の未来を拓く鍵は、一人ひとりの心のなかにある。

2,000円

Power to the Future

未来に力を

英語説法集
日本語訳付き

予断を許さない日本の国防危機。混迷を極める世界情勢の行方――。ワールド・ティーチャーが英語で語った、この国と世界の進むべき道とは。

1,400円

日本の誇りを取り戻す

国師・大川隆法　街頭演説集 2012

2012年、国論を変えた国師の獅子吼。外交危機、エネルギー問題、経済政策……。すべての打開策を示してきた街頭演説が、ついにDVDブック化！

街頭演説
DVD付

【幸福実現党刊】

2,000円

幸福の科学出版

幸福の科学グループのご案内

宗教、教育、政治、出版などの活動を通じて、地球的ユートピアの実現を目指しています。

宗教法人　幸福の科学

一九八六年に立宗。一九九一年に宗教法人格を取得。信仰の対象は、地球系霊団の最高大霊、主エル・カンターレ。世界百カ国以上の国々に信者を持ち、全人類救済という尊い使命のもと、信者は、「愛」と「悟り」と「ユートピア建設」の教えの実践、伝道に励んでいます。

（二〇一三年七月現在）

愛

幸福の科学の「愛」とは、与える愛です。これは、仏教の慈悲《じひ》や布施《ふせ》の精神と同じことです。信者は、仏法真理をお伝えすることを通して、多くの方に幸福な人生を送っていただくための活動に励んでいます。

悟り

「悟り」とは、自らが仏の子であることを知るということです。教学《きょうがく》や精神統一によって心を磨き、智慧《ちえ》を得て悩みを解決すると共に、天使・菩薩《ぼさつ》の境地を目指し、より多くの人を救える力を身につけていきます。

ユートピア建設

私たち人間は、地上に理想世界を建設するという尊い使命を持って生まれてきています。社会の悪を押しとどめ、善を推し進めるために、信者はさまざまな活動に積極的に参加しています。

国内外の世界で貧困や災害、心の病で苦しんでいる人々に対しては、現地メンバーや支援団体と連携して、物心両面にわたり、あらゆる手段で手を差し伸べています。

年間約３万人の自殺者を減らすため、全国各地で街頭キャンペーンを展開しています。

公式サイト **www.withyou-hs.net**

ヘレン・ケラーを理想として活動する、ハンディキャップを持つ方とボランティアの会です。視聴覚障害者、肢体不自由な方々に仏法真理を学んでいただくための、さまざまなサポートをしています。

公式サイト **www.helen-hs.net**

INFORMATION

お近くの精舎・支部・拠点など、お問い合わせは、こちらまで！

幸福の科学サービスセンター

TEL. 03-5793-1727（受付時間 火〜金：10〜20時／土・日：10〜18時）

宗教法人 幸福の科学 公式サイト happy-science.jp

教育

学校法人 幸福の科学学園

学校法人 幸福の科学学園は、幸福の科学の教育理念のもとにつくられた教育機関です。人間にとって最も大切な宗教教育の導入を通じて精神性を高めながら、ユートピア建設に貢献する人材輩出を目指しています。

幸福の科学学園

中学校・高等学校（那須本校）

2010年4月開校・栃木県那須郡（男女共学・全寮制）

TEL **0287-75-7777**

公式サイト **happy-science.ac.jp**

関西中学校・高等学校（関西校）

2013年4月開校・滋賀県大津市（男女共学・寮及び通学）

TEL **077-573-7774**

公式サイト **kansai.happy-science.ac.jp**

幸福の科学大学（仮称・設置認可申請予定）

2015年開学予定

TEL **03-6277-7248**（幸福の科学 大学準備室）

公式サイト **university.happy-science.jp**

仏法真理塾「サクセスNo.1」

小・中・高校生が、信仰教育を基礎にしながら、「勉強も『心の修行』」と考えて学んでいます。

TEL **03-5750-0747**（東京本校）

不登校児支援スクール「ネバー・マインド」

心の面からのアプローチを重視して、不登校の子供たちを支援しています。
また、障害児支援の「**ユー・アー・エンゼル!**」運動も行っています。

TEL **03-5750-1741**

エンゼルプランV

幼少時からの心の教育を大切にして、信仰をベースにした幼児教育を行っています。

TEL **03-5750-0757**

NPO活動支援

学校からのいじめ追放を目指し、さまざまな社会提言をしています。また、各地でのシンポジウムや学校への啓発ポスター掲示等に取り組むNPO「いじめから子供を守ろう！ネットワーク」を支援しています。

公式サイト **mamoro.org**

相談窓口 **TEL.03-5719-2170**

ブログ **mamoro.blog86.fc2.com**

政治

幸福実現党

内《ない》憂《ゆう》外《がい》患《かん》の国難に立ち向かうべく、二〇〇九年五月に幸福実現党を立党しました。創立者である大川隆法党総裁の精神的指導のもと、宗教だけでは解決できない問題に取り組み、幸福を具体化するための力になっています。

党員の機関紙
「幸福実現NEWS」

TEL 03-6441-0754
公式サイト hr-party.jp

出版
メディア
事業

幸福の科学出版

大川隆法総裁の仏法真理の書を中心に、ビジネス、自己啓発、小説など、さまざまなジャンルの書籍・雑誌を出版しています。他にも、映画事業、文学・学術発展のための振興事業、テレビ・ラジオ番組の提供など、幸福の科学文化を広げる事業を行っています。

TEL 03-5573-7700
公式サイト irhpress.co.jp

入会のご案内

あなたも、幸福の科学に集い、ほんとうの幸福を見つけてみませんか？

幸福の科学では、大川隆法総裁が説く仏法真理をもとに、
「どうすれば幸福になれるのか、また、
他の人を幸福にできるのか」を学び、実践しています。

入会

大川隆法総裁の教えを信じ、学ぼうとする方なら、どなたでも入会できます。入会された方には、『入会版「正心法語」』が授与されます。（入会の奉納は1,000円目安です）

ネットでも**入会**できます。詳しくは、下記URLへ。
happy-science.jp/joinus

三帰《さんき》誓願《せいがん》

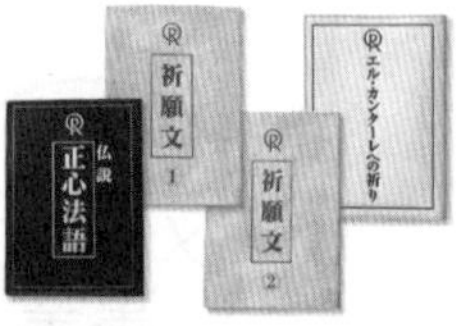

仏弟子としてさらに信仰を深めたい方は、仏・法・僧の三宝への帰依を誓う「三帰誓願式」を受けることができます。三帰誓願者には、『仏説・正心法語』『祈願文①』『祈願文②』『エル・カンターレへの祈り』が授与されます。

植福《しょくふく》の会

植福は、ユートピア建設のために、自分の富を差し出す尊い布施の行為です。布施の機会として、毎月1口1,000円からお申込みいただける、「植福の会」がございます。

「植福の会」に参加された方のうちご希望の方には、幸福の科学の小冊子（毎月1回）をお送りいたします。詳しくは、下記の電話番号までお問い合わせください。

月刊「幸福の科学」

ザ・伝道

ヤング・ブッダ

ヘルメス・エンゼルズ

INFORMATION
幸福の科学サービスセンター
TEL. 03-5793-1727（受付時間 火～金：10～20時／土・日：10～18時）
宗教法人 幸福の科学 公式サイト **happy-science.jp**